신화가 된
**전설적인**
**서비스**

# 신화가 된

평범한 실천과 우수한 성과, 고객 서비스에 관한 놀라운 지침서 ───

# 전설적인

─── 살아있는 전설 노드스트롬 사가 말하는 "고객 중심 서비스"

# 서비스

전설적인 기업 노드스트롬 사가 말하는 서비스의 모든 것 ───

벳시 샌더스 지음 | 양영철 옮김

미래지식

신문사나 잡지사들은 기존의 독자층을 유지하기 위해서 지속적으로 자기계발에 힘을 써야 했다. 우선 TV의 소리와 빛을 상대로 싸워야 했고 다음에는 컴퓨터를 상대로, 그리고 지금은 온라인 배달과 인터넷 정보 교환의 도전에 맞서고 있다.

다행히도 이 책은 이런 경쟁을 멀리서 바라보며 지금까지 그 자리를 지켜왔다. 다매체를 통해 접할 수 있는 정보의 양이 절대적으로 많아지면서 출판업자들은 독자의 요구를 좀 더 심도 있게 살펴보고, 그들의 욕구를 만족시킬 수 있는 방법을 모색해야 했다. 출판 시장은 경영 서적들과 주요 경영대학 교육과정을 소개하는 가이드북들로 넘쳐나고 있다. 이런 책들이 유용한 정보들을 제공하고는 있지만, 문제는 이런 전문적이고 양이 많은 서적을 읽을 시간이 없다는 데 있다.

워렌 베니스의 경영 전문서적 시리즈는 이런 문제를 보완했다는 점에서 매우 독특하다. 마샬 맥루한이 30여 년 전에 '미디어는 곧 메시지다'라고 한 말은 오늘날 이 어려운 세상에서도 현실적인 의미로 다가온다. 워렌 베니스의 시리즈는 독자들이 내용을 빨리 읽고 쉽게 이해할 수 있는 데 중점을 두고, 풍부한 인용구들의 적절한 사용과 핵심 포인트의 상세한 리스트화, 재미있는 사례들, 그리고 생생한 그래픽들로 구성되어 있다. 책의 양은 적으면서 동시에 각 시리즈들은 유명한 경영 지도자들로부터 얻은 정보들을 설득력 있게 제시하고 있다. 이 시리즈들을 통해 한 자리에서 읽고 책의 주제를 마스터할 수 있는 서비스를 제공하려고 한다. 경영 시리즈물 중 첫 번째인 이 책도 서비스에 관한 내용을 담고 있는데 그런 의도와 잘 맞아떨어진다.

전설적인 서비스는 단순히 고객들을 기분 좋게 하는 방법에 관한 내용은 아니다. 또한 고객 서비스를 위해 모든 상황에 다 들어맞는 규정집도 아니다. 인간적인 접촉을 통한 거래보다 기계를 통한 거래가 더 많아지면서 음성메일, 이메일, 현금 인출기 그리고 다른 최신식 커뮤니케이션 방식이 많이 사용되고 있다. 그렇다면 이 같은 상황에서 고객 서비스가 어떤 의미가 있겠는가? 이런 의문에도 불구하고 고객 서비스는 비즈니스에 있어 매우 중요한 의미를 갖는다.

누가 여러분에게 비즈니스의 정당한 이유를 제공하는가? 그렇다면 여러분은 누구를 가족이나 친구들에게 추천하겠는가? 여러분이 멋진 서비스를 경험하고 그 경험담을 이야기할 때마다 그 숨겨진 의미는 개개인이 느끼는 가치와 관련된다. 다시 말해 기업이 고객의 가치와 존엄성을 인정하는 서비스를 제공해야 좋은 서비스로 인정받을 수 있다. 고객의 가치를 최우선으로 하는 모든 작은 행위들이 바로 전설적인 서비스의 핵심이 되는 것이다.

전설적인 서비스는 고객의 실질적인 요구를 충족시키고 비즈니스의 성공을 거두는데 최선을 다하는 행위에서 비롯된다. 당신의 회사가 아무리 좋은 서비스를 제공한다 하더라도 안심할 수 없다. 전설적인 서비스를 제공하기 위해서는 끊임없는 혁신과 배려가 요구되기 때문이다.

벳시 샌더스는 전설적인 서비스를 제공하는 것이 목표인 리더들을 위하여 유명한 판매업자로 활동하는 동안 겪었던 경험담과 서비스 분야의 전설적인 인물들과의 만남을 상세하고 재미있게 소개하고 있다.

사람들이 무엇 때문에 고객 서비스에 관한 책을 쓰려고 하는 것일까? 사실 지난 10년 간 고객 서비스만큼 관심을 받고 잘 팔리는 주제도 없었다. 그럼에도 불구하고 고객, 소송 의뢰인, 환자, 소비자, 사용자, 임차인, 승객으로서, 다시 말해 당신이 고객으로서 참고 받아야 했던 서비스의 질을 한번 상기해 보라. 당신 자신이 당신 회사의 고객이 되는 건 어떨지 생각해 보라. 고객들에게 감동을 주는 능력이 부족하여 고객 만족의 이상을 실현하지 못해서 느꼈던 좌절감을 상기해 보라.

나에게 인생의 대부분을 바쳐 회사를 이끌어갈 수 있는 멋진 행운이 주어졌다는 것 자체가 바로 전설이었다. 1971년 시애틀에서 교직을 잡을 수 없었던 그때 나는 우연히 그런 기회를 잡게 되었다. 아름다운 야경으로 유명한 시애틀의 어려운 경제 사정을 반영하듯,

도시를 빠져나가는 주요 고속도로 옆에 세워진 안내판에는 '시애틀을 떠나는 마지막 사람은 제발 불을 끄고 떠나 주세요!' 라는 내용이 애처롭게 적혀 있던 시절이었다.

일자리가 절실하던 나는 학업을 포기한 채 노드스트롬 사의 한 시간에 2달러 46센트 하는 임시 점원직을 감사하게 받아들였다. 미봉책으로 근무했던 그 회사에서 거의 20년을 넘게 일하게 되었고, 수천 명의 직원들을 이끌게 되었다. 내가 사우스 캘리포니아 지사의 책임자를 끝으로 퇴직한 1990년은 수천 명의 노드스트롬 사의 직원들이 고객 서비스에 힘쓴 결과, 사우스 캘리포니아 지역에서 10억 달러의 매출을 올리는 기적을 만들어냈다.

이 책은 단순히 노드스트롬 사나 일반적인 세일즈에 관한 내용을 담고 있지는 않다. 노드스트롬 사나 그 밖의 회사들이 고객 서비스에 중점을 두고 모든 열정과 그들의 자본을 투자한 이유에 관한 내용이 주를 이룬다. 그리고 이 회사들이 비즈니스를 성공적으로 이끌기 위해 고객들을 어떻게 대해 왔는지, 또 당신 회사의 서비스를 전설로 만들기 위해 어느 정도의 노력이 요구되는지에 관한 내용들을 담고 있다.

쉽게 말해 이 책은 리더십에 관한 내용을 담고 있다. 노드스트롬 사와 보냈던 시간과 대기업에서부터 신생 기업과 함께 했던 수많은 경험들을 되돌아볼 때, 내가 확신을 갖고 말할 수 있는 한 가지는 전설적인 서비스가 바로 정열적인 리더십의 산물이라는 것이다. 전설적인 서비스를 향한 리더십은 남을 능가하려는 지속적인 의지뿐만 아니라, 모든 능력과 행동력을 요구한다. 동시에 이 같은 리더십은 우리 개개인과 우리가 이끄는 사람들 안에서 변형된다. 리더는 많은 헌신을 해야 하지만 동시에 그만큼의 보상이 기다리고 있다.

서비스 리더십의 현실적인 경험들을 살펴본다고 해서 당신 회사에 직접 적용시킬 만한 모형을 찾을 수 있는 것은 아니다. 뛰어난 서비스를 제공하기 위해 세세한 모델들을 취하지만 성격이 다른 당신의 이상이나 당신의 풍부한 자본, 당신 회사가 직면한 과제들에 맞추어 적용하기에는 어려움이 따른다.

모범적인 모델은 없지만 고객에게 좀 더 쉽게 다가서기 위해 해야 할 몇 가지 정해진 선례들은 있다. 서비스 리더십의 기초적인 토대를 자세히 살펴보면서 당신에게 내재된 엄청난 잠재력을 발견하라. 그리고 회사만이 아니라 그 밖의 분야에서도 차별화된 리더십을 발휘하길 바란다.

궁극적인 목표뿐만 아니라 그 목표에 도달하기 위한 매우 실질적인 고려 사항들을 이 책을 통해 함께 공유하려고 한다. 다음에는 고객들이 당신의 서비스 리더십이 낳은 전설들을 열정적으로 이야기하는 것을 들으며 당신에게서 또 다른 배움을 얻기를 기대한다.

## ■ 머리말

1970년대 노드스트롬 사의 사업은 나날이 번창하였으나 제 3세대에 이르러서 여러 가지 우려의 목소리들이 쏟아졌다. 과거의 성공에 도취하여 고객 서비스를 향한 노력이 소홀해지고 있었기 때문이다. 그 해 회사 경영회의에서 경영진들은 그 동안 소홀해 왔던 고객 서비스에 좀 더 초점을 맞추기로 동의했다. 또한 노드스트롬 사의 고객 서비스 질을 획기적으로 개선하기 위해 필요한 모든 조치를 취하기로 강력히 결의했다.

이 회의에는 회사를 통틀어 가장 나이 어린 관리자가 참석했었다. 그녀는 바로 엊그제 새로운 관리자로 임명되었다. 그녀는 가장 오래되고 가장 작은 우리 백화점 한켠에 직원도 없이 서너 개의 설치물만이 달랑 있는 새 매장을 열었다. 그녀의 일이란 혼자서 물건을 팔거나 주변 매장들의 어려움을 도와주면서 매장을 유지해 나가는 것이었다. 우리와 함께 판매원으로 일한 지 4개월이 될 쯤 그녀는 이미 고객을 즐겁게 하는 일에 신이 나 있었다. 우리는 그녀에게 매니저로서 성공하려면 이미 그녀가 즐기고 있는 그 일을 앞으로도 계속 온 힘을 다하여 해나가면 된다고 충고했다. 원래는 남편이 학업을 끝마치는 2년 간만 노드스트롬 사에서 일하려 했던 이 신참 매니저가 바로 벳시 샌더스였다. 그녀는 이후로 19년 간 우리와 함께 했으며, 여지껏 어느 누구보다 서비스와 관련된 우리의 요구에 진지하게 응하고 있다.

우리는 그녀가 가진 뛰어난 리더십 재능을 일찍 알아차리고 그녀에게 계속 새로운 난제를 제시하였다. 그녀는 하나씩 이런 난제들을 해결하며 고객을 보살피는 능력을 십분 발휘했다. 그리고 항상 우리의 기대 이상의 결과를 내놓았다. 첫 번째 경영 과제에서 그녀는 서비스업 경영에 있어 핵심적인 아이디어를 생각해냈다. 그것은 경영자가 고객을 직접 상대하는 직원들에게 서비스를 해야 한다는 내용이었다. 그녀는 작은 점포를 경영하여 커다란 상권을 형성할 때까지 이 신념을 잊지 않고 실천해 왔다.

벳시는 여러 성과들로 칭찬을 받을 때면 오래 전 이 회의에서 얻은 메시지, 즉 "고객을 즐겁게 하고 봉사하기 위해 최선을 다하라!"는 말을 전하는데 그녀의 일생을 바친 것뿐이라고 말을 한다. 그녀는 노드스트롬의 서비스라고 생각해 온 모든 것을 그녀의 일생을 통해 직접 보여준 것이다. 게다가 벳시는 서비스를 몸소 실천하여 수천 명의 직원들도 함께 동참하도록 이끌었다.

노드스트롬 사에서 일하는 동안 그녀는 직원들의 재능을 이끌어 내어 그들이 여지껏 결코 생각해 보지 못했던 방식과 수준으로 서비스를 해나가도록 돕는데 힘을 쏟았다. 지금 그녀는 당신과 이런 헌신적인 경험들을 나누고자 한다. 우리가 아는 한 독자들을 감화시켜 전설적인 서비스를 향한 열정으로 인도하는데 벳시 샌더스만큼 경험이 풍부하고 전문적인 지식을 갖춘 사람은 없을 것이다.

–잭 맥밀런(Jack McMillan), 브루스 노드스트롬(Bruce Nordstrom),
짐 노드스트롬(Jim Nordstrom), 존 노드스트롬(John Nordstrom)

## ■ 목차

# 만족과 성공으로 가는 길로 이끌기

*Leading the Way to success and satisfaction*

*Introduction*

## ✝ 봉사와 친절

매주 청중을 휘어잡는 목사님의 설교에 빠져드는 교회 신도들이었지만, 오늘은 유달리 설교에 집중하며 조용히 자리를 지키고 있었다. 교회 앞 표지판에 걸려 있는 '노드스트롬 사가 전하는 복음' 이라는 특이한 설교 주제가 일 주일 내내 여러 추측을 불러일으켰기 때문이다. 신자들은 가까운 곳에 위치한 노드스트롬 백화점에 대해서는 잘 알고 있었지만, 노드스트롬 사가 복음법칙과 무슨 관련이 있는지 도무지 알 수가 없었다.

설교를 하는 캐롤린 크로포드 목사는 크리스마스에 방문한 노드스트롬 백화점의 호화롭고 활기찬 분위기를

능숙한 말투로 묘사하기 시작했다. 화려한 크리스마스 장식물들, 우아한 턱시도를 차려입은 연주자의 아름다운 캐롤의 선율, 포푸리 향기와 고가의 향수 냄새, 선물 꾸러미를 들고 물건을 고르는 사람들의 활기찬 표정 등을 크로포드 목사는 세세하게 묘사해 나갔다. 그러나 그가 누더기를 걸친 한 여자 이야기를 꺼내자 사람들은 멋진 몽상에서 단숨에 깨어났다.

"이 여인은 분명 백화점에서 환영받지 못할 것이다."

이렇게 생각한 목사는 혹시 쫓겨날 경우 그녀의 자존심을 지켜주기 위해 걸인 여성을 따라 백화점 안으로 들어갔다. 백화점의 고급스런 분위기와 너무도 대조되는 이 방문객에게 목사가 가졌던 관심은 곧 의심으로 바뀌었다. 어떤 판매원도 격조 있고 값비싸 보이는 특별 연회용 코너로 들어가는 그 여인을 막지 않았다. 만류하기는커녕 따뜻한 미소와 공손한 말투로 그 여성을 맞이했다.

주변을 서성이며 엿듣던 크로포드 목사는 점원이 다른 고객과 마찬가지로 그 여인에게도 상냥하고 빈틈없이 대하는 걸 보고 놀라지 않을 수 없었다. 그녀가 이브닝 드레스를 입어 보겠다고 하자 점원은 여러 드레스를 선보였다. 그 점원은 인내심을 갖고 어떤 드레스가 가장 잘 어울리고 돋보일지를 꼼꼼히 살폈다. 그리고 드레스를 입고 탈의실에서 나왔을 때, 그 초라했던 여인의 모습은 당당했고 눈에서는 밝은 빛까지 감돌았다. 이 곳에서 그녀는 값진 한 인간으로 대우를 받은 것이다. 그녀가 떠난 뒤 크로포드 목사는 점원에게 이 일에 대해 조용히 물어 보았다. 그러자 점원은 "고객에게 봉사하고 친절을 베풀기 위해 우리가 여기 있는 것이지요!"라고 대답했다.
크로포드 목사는 백화점 점원의 품위가 엿보이는 행동에 감동을 받
아 이 이야기를 설교 주제로 거론하기로 결심한 것이었다. 그리고
목사는 신도들을 향해 다음과 같이 말했다.

"우리들도 그 점원처럼 똑같은 말을 해보는 게 어떨까요? '우리
가 여기 있는 이유는 다른 사람에게
봉사하고 친절을 베풀기 위해서!' 라
고요."

> **이것이 우리의 목적이다 : 고객
> 봉사와 친절**

일요일 아침 이 설교를 들은 신도들은 친구들과 지인들에게 그
이야기를 전달하기 시작했다. 그리고 곧 그 이야기는 교회의 벽을
넘어 멀리 퍼져갔다. 〈뉴욕타임〉지도 이 이야기를 크게 다루었고,
멋진 설교라고 높이 평가했다. 생각지도 못했던 엄청난 반응 때문
에 결국 교회에서는 녹음 테이프까지 판매해야 했다. 크로포드 목
사의 설교를 들은 사우스 캘리포니아 노드스트롬 백화점들의 종업
원들은 겸허하고 더 의욕적인 반응을 보였다. 종업원들은 이 사건
을 계기로 노드스트롬 사가 서비스 분야에서 최고라는 자부심을 가
졌다. 설교에 사용된 이 일화는 고객들의 기대는 물론 종업원 자신
에 대한 기대도 높여 주는 계기가 되었다. 어떤 상황에서든 고객에
게 최선을 다하는 노드스트롬의 기업문화는 노드스트롬의 '최고'
수준을 한층 더 높여 주었다.

## ‡ 성장하는 신화

크로포드 목사의 설교는 노드스트롬 사에 대단한 반향을 불러일으켰다. 노드스트롬 사의 직원들도 이제는 자사와 서비스에 관한 열렬한 찬사에 익숙해졌다. 노드스트롬 사의 전화번호를 문의하는 고객들과 만족스러운 서비스 경험을 열정적으로 전하는 전화 교환원, 그리고 그 이야기를 듣고 기뻐하는 고객 등 다양한 이야기들로 넘쳐났다.

크고 냉정해 보이는 비즈니스의 세계, 그리고 수천 명의 다양한 고객들을 상대해야 하는 이 세계에서 어떻게 이런 수준의 명성을 얻을 수 있었을까? 고객들은 도대체 어떤 경험을 하였기에 노드스트롬 사가 최고라고 생각하는 것일까? 디즈니, 허만 밀러, 서비스마스터 등 뛰어난 평가를 받는 기업과 그렇지 못한 기업의 차이는 무엇일까?

고객 서비스의 전형을 제시하고 있는 회사의 수는 점점 증가하고 있다. 하지만 아직도 그 숫자는 극소수에 불과하다. 왜 대다수의 기업들은 고객 감동 서비스를 제공하고 있지 않는 것일까? 왜 당신의 기업은

> 어느 날 한 노부인이 노드스트롬 백화점을 찾아와 자신이 죽으면 뼈를 이 곳에 뿌려달라고 애원했다. 이유를 묻자 그녀는 이렇게 대답했다.
> "확신하건데 여기에 내 재가 뿌려지면 손자들이 더 자주 나를 찾아올 테니까요."

일상적인 대화나 설교의 소재가 되지 못하는 것일까?

노드스트롬 사는 고객의 눈에 전설적인 존재로 비쳐지는 회사다. 쉽게 말해 노드스트롬 사의 직원들은 고객이 감동할 만한 서비스를 제공하고 있다는 것이다. 수많은 고객들의 칭찬 덕에 노드스트롬은 소매업계에서 서비스 평가의 모범이 되었다. 고객들은 다른 판매점에서도 노드스트롬 사와 같은 서비스를 기대하기 때문이다. 소문이 널리 퍼지면서 고객들은 백화점 외의 다른 곳에서도 이와 같은 서비스를 기대하게 되었다. 결국 노트스롬 사의 서비스는 모든 서비스의 기준이 되었다. 실리콘 벨리의 신생 기업에서부터 로스앤젤레스의 경찰국까지 모든 기관들에게 '노드스트롬화'가 파급되었다. 마침내 노드스트롬 사는 서비스의 대명사로 불리게 되었다.

> 고객들은 노드스트롬 사에서 경험한 서비스를 다른 판매점에서도 기대하게 되었다. 그리고 그 기대는 모든 업계의 척도가 되었고 모든 조직들이 '노드스트롬화' 하려고 했다.

## ✝ 서비스를 전설로 만들 수 있을까?

다시 일요일 아침 크로포드 목사의 설교로 돌아가보자. 이미 크로포드 목사도 언급했지만, 두 가지 중요한 사항에 대해 짚어 보려고 한다. 설교에서도 말한 바와 같이 점원들은 모든 고객을 매우 특별한 사람으로 대했다. 그들에게는 모든 사람이 특별했기 때문이다. 확실한 것은 노드스트롬에서는 점원들에게 고객 서비스에 관한 자유로운 권한을 부여하고 있다는 것이다.

노드스트롬 사의 직원들은 판매에 별로 도움이 되지 않는 손님을 서비스하는 데에도 많은 시간을 쏟았다. 이는 언뜻 보기에는 시간 낭비처럼 보일지도 모른다. 그러나 노드스트롬에서는 고객보다 돈벌이를 더 중요시하는 관리자에게 주는 급료가 더욱 낭비라고 판단했다. 대부분의 회사들은 신통치 않아 보이는 고객에게 시간을 낭비하지 않는다. 그러나 이 일화는 내가 아는 한 가장 오랜 기간 동안 생산적인 영향력을 발휘했다. 어쩌면 당신은 다음과 같은 반론을 제기할지도 모른다.

"회사는 결코 그런 노력을 높이 평가해 주지 않는다."

사실 그런 반론도 일리가 있다. 그러나 전설적인 서비스의 본질은, 서비스란 실제로 얻어낸 성과만이 아니라 능력이나 성과를 높여가는 과정도 중요하다는 점이다. 이 말은 '뿌린 대로 거둔다'는 속담과도 일맥상통한다. 최선을 다해서 행한 일은 반드시 자신에게 이득으로 돌아온다. 그리고 자신 속에 뿌리내려 성장을 촉진한다. 이것을 리더십의 원리로 설명하면 이렇다.

당신 회사가 맡은 바 일에 최선을 다할 때 서비스는 전설이 된다.

한결같이 모든 사람에게 최상의 서비스를 제공하려고 노력한다면 그 노력은 반드시 열매를 맺을 것이다.

## ✢ 모든 사람이 고객이다

또 다른 중요한 이야기가 있다. 사실 이 이야기도 위의 일화와 핵심은 같지만 또 다른 의미에서 성과를 살펴보아야 한다. 분주했던 어느 날 판매 담당인 사라는 늦은 점심을 먹으러 나가다 다른 코너에서 한 여인이 블라우스를 내던지며 발을 동동 구르는 모습을 목격했다.

"지금은 점심시간이고 내 점포도 아닌데 뭐. 내가 굳이 상관하지 않아도 될 거야!" 다른 사람 같으면 이렇게 생각했겠지만 그녀는 달랐다. 고객 서비스가 이미 몸에 밴 그녀는 개인적인 일을 뒤로 미루고 백화점을 막 나가려는 고객을 뒤따랐다. 사라는 문제가 무엇인지를 즉시 확인했다. 손님에게는 '머피의 법칙'이 일어나고 있었다. 그 손님은 세 번이나 노드스트롬 백화점에서 블라우스를 주문했지만 세 번 모두 마음에 들지 않았다. 그녀는 노드스트롬 백화점에 질려버려 가까운 네이먼 마르커스 백화점으로 가려던 참이었다. 손님에게 조금도 신경쓰지 않는 백화점에서 누가 물건을 구매하고 싶겠는가?

사라는 이 상황을 수습하기 위해 남은 점심시간을 투자하기로 했다. 사라는 그 손님을 진정시키려 애썼고, 노드스트롬 사는 항상 관심을 갖고 고객의 요구를 만족시키기 위해 최선을 다한다는 인식을 심어 주었다.

다행히 그런 사라의 노력은 손님의 불만을 해소시켜 주었고, 손님으로부터 노드스트롬 백화점에 대한 새로운 이미지를 갖게 했다. 바쁜 와중에도 고객을 위한 최상의 서비스를 보여준 앞의 일화와 비슷하지만, 이 이야기의 결말이 매우 재미있다.

사라가 도왔던 그 여인은 왕성한 쇼핑 욕구를 가지고 있었고, 노드스트롬 역사상 최고의 이익을 안겨 준 고객이 되었던 것이다. 고객의 불만에 신경을 써야겠다는 사라의 최초의 동기는 누추한 여인 일화에 나오는 점원처럼 '봉사와 친절' 정신이었다. 전자의 경우는 고객에게 친절 봉사하는 자세가 뜻하지 않게 사람들에게 알려져 좋은 인상을 심어 주는 계기가 되었고, 후자의 경우는 점원과 회사 모두에게 이득이 된 결과로 이어진 것이다.

누추한 여인에게 서비스하는 것을 설교자가 본 것과 우연히 봉사한 고객이 엄청난 부자인 것을 봤을 때, 노드스트롬은 참으로 행운의 연속이라고 생각할 수도 있을 것이다. 그러나 그것은 운이 아니라 비즈니스 방식의 문제였다. 노드스트롬 사는 고객 불만족을 최소화하고자 직원들에게 고객 응대에 최선을 다할 것을 권장해 왔다.

> 직원들이 어떤 상황에서도 최상의 고객 서비스에 전념할 수 있도록 권한을 부여해야 한다.

그리고 직원들과 전설적인 서비스를 제공하는 다른 업체들은 이런 경영 문화가 긍정적인 효과를 거둘 수 있도록 꾸준한 격려를 보냈다.

만약 여기에서 소개한 종업원들이 부유한 고객만 잡으려고 했거나, 회사 지명도를 높이는 데에만 집착했다면 그들은 성공하지 못했을 것이다. 위대한 성과는 특별한 일을 했다고 해서, 또는 독특한 고객을 우연히 발견했다고 해서 찾아오는 게 아니다. 항상 고객에게 정성스런 관심을 보내려는 노력을 통해서만 성공할 수 있다. 이런 노력을 '일상생활화' 하는 게 바로 차별화된 전략이다. 그것은 매일 모든 사람들을 개별적인 고객으로 대할 때 나타난다.


## ‡ 지도자들을 위한 핸드북

고객과 비즈니스 그리고 사회를 위해 훌륭한 수준의 서비스를 제공할 수 있도록 회사를 이끌어간다는 목표는 장대하지만 그 핵심은 지극히 개인적인 문제다. 그렇다고 일을 대충 처리한다면 그건 당신의 힘과 자본, 그리고 잠재력을 낭비하는 것이다. 하지만 당신의 경험에서도 알 수 있듯이, 이런 수준의 서비스를 달성한다는 건 단순히 1차원적인 문제가 아니다.

여기서 중요한 것은 당신 자신이 바로 고객이라는 사실을 잊어서는 안 된다는 것이다. 당신 필요에 따라 이 책을 적절히 사용하여 많은 도움을 얻기를 바란다. 이 책은 당신이 능력 있는 리더가 되기 위해 헌신적으로 노력할 때 도움이 될 수 있는 핸드북이다. 다시 말해 여기에 제시된 서비스 리더십의 원리들은 당신이 리더십을 발휘해야 하는 어떤 상황에서도 적용할 수 있으며, 앞으로 당신의 발전을 도와줄 것이라고 확신한다.

각 장들이 순서대로 열거되어 있기는 하지만 순서에 구애받지 않고 읽을 수도 있다. 제시된 각 원리들은 서로 관련이 없지만 서비스를 향한 열정과 헌신이라는 본질은 같다.

# 고객에 대한 약속:

서비스는
당신의 회사가 제공하는
모든 것이다.

*Commitment:*
*To Make Service Everything Your Company Is and Does*

▶▶▶ 왜 전설적인 서비스여야 하는가?
  − 정의
  − 장애요인

▶▶▶ 왜 리더십이 필요한가?

▶▶▶ 원리에서 실천으로

# 전설적인 ++++++++
## 서비스로 +++
## 가는 길 +++++++

가능하면 모든 걸 동료에게 전달하려고 하라.
많이 알면 알수록 쉽게 깨닫는다. 일단 배려하기 시작하면 끝이 없다.
—샘 월튼

**1**

## ⁑ 문제 제기

   질이 높은 서비스는 다음의 두 가지의 특성을 갖고 있다. 하나는 고객의 입을 통해 전해지는 경우이고, 또 하나는 제 3자의 거론으로 전달되는 경우이다. 고객의 입소문을 타고 전해진 서비스가 바로 전설적인 서비스라 할 수 있다.

   회사가 제공하는 서비스를 고객이 직접 체험하는 일은 수동적인 의사소통 방식이다. 그러나 고객이 서비스를 평가하는 방식은 효과적인 방식이며 리더의 신념과도 일치하는 결과를 도출할 수 있으므로 신중하게 다루어져야 한다.

   모든 매체와 기회를 통해 직원들과 서비스에 관한 신념을 공유해야 하며, 그 신념은 서비스의 기준과도 일치해야 한다. 이런 의사소통 방식은 회사의 이상을 현실화하고 목표를 명확히 한다. 또한 영웅들을 돋보이게 하고 성공을 축하하는데 결정적인 역할을 한다. 여기서 중요한 점은 성공적인 의사소통은 상호작용적이라는 것이다. 자신을 적극적으로 표현하는 일도 중요하지만, 고객과 직원들의 목소리에 귀기울여 듣고 올바르게 반응하는 일도 매우 중요하다.

## ‡ 왜 전설적인 서비스를 고집하는가?

회사의 서비스가 전설이 되는데 당신의 리더십이 그 기본을 제시한다면 어떤 효과를 기대할 수 있겠는가? 전설적인 서비스는 획기적인 서비스, 질 높은 서비스, 우수한 서비스 또는 회사나 지도자를 차별화시키는 다른 서비스 명칭들과 어떤 차이가 있을까? 지금부터 전설적인 차원에 도달하는 과정인 '놀라운(fabulous) 서비스', '칭찬받는(renowned) 서비스', '신화적인(mythical) 서비스'를 살펴보기로 하자.

**전설적인**

↑

*신화적인*

↑

**칭찬받는**

↑

**놀 라 운**

### 놀라운 서비스(Fabulous Service)

'놀라운'에 해당하는 'fabulous'라는 단어는 믿을 수 없을 정도로 좋거나 기쁘다는 의미가 담겨져 있다. 놀라운 서비스를 경험할 수 있다는 건 고객의 기억에 오래 남을 만한 일이다. 이는 때론 한 순간의 사건일 수도 있고 좀 더 깊고 의미 있는 수준의 사건일 수도 있지만, 어느 쪽이든 고객들의 기분을 좋게 한다. 다시 말하면 놀라운 서비스를 통해 고객들에게 자신이 가치 있는 사람이라는 인상을 심어 준다는 것이다. 이는 서비스를 제공하는 측에도 의미 있는 일이다.

남에게 봉사하고 친절하게 대하려는 노력은
모든 사람들에게서 최상의 것을 끌어낼 수 있다.

고객만족을 위해 최선을 다하는 동안 직원들은 능숙하게 일하는 자신을 깨닫고 놀라게 된다. 고객들에게 기쁨을 줄 수 있는 창의적인 방법을 개발하고자 아주 작은 힌트에도 귀를 기울인다. 놀라운 서비스를 주고받는다는 건 영혼을 살찌우는 일이고 아주 평범한 일상의 일이라도 선한 마음을 갖게 한다.

'놀라운 서비스'란 평범한 사람들이 평범한 일들을
특별한 방식으로 해내는 것을 의미한다.

### 칭찬받는 서비스(Renowned Service)

주유소 종업원이 던진 농담에 유쾌하게 웃으며 주유소를 나온 경험이 있는가? 호텔에서 체크아웃을 하면서 친절한 서비스와 쾌적한 환경을 떠올리며 다음에 다시 한 번 오고 싶다고 생각한 적은 없는가? 처음 산 물건의 사용 설명서가 쉽게 설명되어 아무 불편 없이 상품을 이용하곤 기뻤던 적은 없는가? 구두 수선을 부탁했더니 완벽한 수선은 물론 정성껏 광까지 내주어 감동한 경험은 없는가?

주유, 여행, 가사, 구두 수선 등 이 모든 일은 일상생활에서 일어나는 평범한 일들이다. 이러한 일들은 대부분의 사람들 기억 속에서 쉽게 잊혀진다. 그러나 만약 이러한 경험들이 즐겁고 당신의 마음속에 좋은 기억으로 자리잡고 있다면 그 기억은 오래도록 남을 것이다. 평범한 경험들이 전설적인 서비스의 한 단면을 보여준다고 할 수 있다. 일상을 넘어선 특별한 경험을 한 사람은 누구나 다른 사람들에게 이야기하고 싶어한다.

그 순간들을 이야기하는 동안 당신은 기분 좋은 서비스를 제공한 사람의 멋진 태도에 찬사를 보낼 뿐 아니라, 서비스의 대상이 된 자기 자신에게도 긍지를 느끼게 된다. 따라서 고객의 예상을 뛰어넘는 서비스를 제공한 회사는 그 명성이 높아지게 마련이다. 여기서 당신은 다음과 같은 질문을 던질 수 있다.

> 대부분의 회사들은 고객들의 기억에 남을 만한 서비스를 제공하지 못하고 있다. 또한 다른 사람들과 자신의 생각을 공유하지도 못한다. 고객에게 찬사를 받고 싶다면 고객의 눈에 차별적인 이미지로 다가설 수 있어야 한다.

Q: 모든 회사가 기억에 남는 것은 아니지 않는가?

A: 물론이다. 최고의 회사와 최악의 회사만이 고객들의 기억에 남는다.

> 한 명의 불만족스러운 고객은 평균적으로 다른 열 명에게 그 경험에 대해 얘기한다는 연구 결과가 나왔다.[1]

대부분의 회사들은 고객들의 기억에 남을 만한 서비스를 제공하지 못하고 있다. 또한 다른 사람들과 자신의 생각을 공유하지도 못한다. 고객에게 찬사를 받고 싶다면 고객의 눈에 차별적인 이미지로 다가설 수 있어야 한다. 고객을 만족시키기 위해 끊임없이 노력하는 기업은 반드시 고객의 감동을 만들어낸다. 그리고 이런 감동들은 고객의 기억 속에서 쉽게 사라지지 않는다.

기업이 무언가를 제공하면 고객은 반드시 누군가에게 이야기한다.

고객들은 회사와 고객 모두에게 긍정적인 영향을 주는 상황을 말하고 싶어한다. 그 상황이란, 고객은 서비스를 통해 자신들의 필요를 충족할 수 있고 회사는 고객 서비스를 생명으로 하는 만큼 고객에게 즐거움을 주는 상호보완적인 상황을 의미한다.

### 신화적인 서비스(Mythical Service)

한 회사의 서비스가 사람들의 찬사를 받게 되면 그 소문은 스스로 생명력을 이어간다. 그 한 예로 고객 서비스에 대해 강연을 하는 전문 강사 모두는 노드스트롬 사와 관련된 일화를 이야기한다. 그 일화란 노드스트롬의 모든 상품에 대한 무조건적인 반품 규정을 시험하기 위해 타이어 한 세트의 반품을 요구한 사람의 이야기이다. 구매 영

서비스에 만족한 고객들의 자발적인 증언만큼 신뢰받는 광고는 없다.

수증은 당연히 없다. 왜냐하면 노드스트롬 사는 패션 제품 전문점으로 타이어는 취급하지 않기 때문이다. 그러나 노드스트롬 직원은 타이어의 가격을 묻고는 기분 좋게 돈을 환불해 주었다.

이 일화로 노드스트롬 사 직원들은 종종 곤경에 처한다. 사실 여부를 묻는 질문에 직원들은 진실은 알 길이 없으나 그런 고객이 실제로 있었다고 해도 결과는 마찬가지였을 것이라 확신한다. 설령 확실한 증거가 없다고 해도 이 일화를 믿는 사람들은 이 이야기를 다른 사람에게 전하고, 전해 들은 사람들은 노드스트롬 사 직원들의 헌신적인 서비스 정신의 또 다른 증인이 되는 것이다.

이런 이야기가 입에서 입으로 전해지면서 그 소문은 '신화'로서 힘을 갖게 된다. 신화란 적어도 역사적 사실에 근거한 이야기로 정의된다. 당신의 기업에 신화가 만들어졌다는 것은 일반 사람들에게 당신의 회사가 특별한 존재로 인정되고 있다는 증거이다. 그러한 신화는 고객과 기업 관계자 모두에게 강렬한 인상을 심어 준다.

- 소문을 전해 들은 고객: 노드스트롬의 고객이 된다는 것이 무엇을 의미하는지 알게 된다.
- 소문을 전해 들은 기업 관계자: 노드스트롬에서 근무하는 것이 무엇을 의미하는지 알게 된다.
- 소문을 전해 들은 당신: 노드스트롬이 당신의 가치를 인정하고 있다는 확신을 갖게 된다.

믿기 어려웠던 소문이 윤곽이 잡히기 시작하면서 회사는 명확한 성격을 띠게 된다. 신화적인 존재가 되려는 노력은 개인과 회사의 성장을 자극한다. 회사 발전의 원동력이 고객일 때 그 회사의 서비스를 '전설적인 서비스'라 정의한다. 흔히 전설적인 서비스는 입에서 입으로 퍼지는 무료 광고라고 생각하면 된다. 만족스런 서비스를 받은 고객들의 자발적인 증언만큼 확실한 광고는 없지만, 결코 공짜로 얻어진 결과는 아니다. 고객만족을 위해 헌신적으로 일하는 직원들에게 적절한 자원을 제공할 줄 아는 우수한 리더십의 성과라고 할 수 있다.

미국 동남부 조지아 애틀랜타 리치스 백화점에서 있었던 일이다. 고객만족을 향한 리치스 백화점의 서비스, 특히 반품 규정은 '무엇이든 리치스 백화점에서 환불 받을 수 있다'라는 풍자적 노래를 낳기도 했다. 1970년대 불렸던 이 노래에는 한 고객이 무조건적 환불이 가능한 리츠 백화점에 성가신 시어머니를 반품하기로 마음먹었다는 내용이 담겨져 있다.

## ‡ 전설적인 서비스

서비스가 '전설'이 된다는 것은 앞에서 설명한 모든 조건들을 만족시키며 성장했다는 것을 의미한다. 전설적인 서비스는 기준을 초월한 영향력을 발휘한다. 서비스가 특별했기 때문에 고객들은 자신의 경험을 다른 사람에게 이야기하는 것이다. 고객들의 입을 통해 전해진 서비스는 리더가 지향해야 할 목표이고, 기업 안의 모든 사람에게는 행동의 기준이 된다. 또한 업계와 산업 전체의 지표가 되기도 한다.

서비스 수준이 그 영역까지 도달하면 라이벌 기업이 경쟁하거나 능가하기 어려운 특징으로 간주된다. 또한 자신의 회사를 평가하는 결정적인 기준이 되며, 고객들이 그 경쟁력을 판단할 수 있는 기준이 된다.

전설적인 서비스를 제공하려는 시도는 그 안에 내재된 커다란 모순을 내포하고 있다고 생각하는 사람도

> 전설적인 서비스는 기준을 초월한 영향력을 발휘한다. 서비스가 특별했기 때문에 고객들은 자신의 경험을 다른 사람에게 이야기하는 것이다. 고객들의 입을 통해 전해진 서비스는 리더가 지향해야 할 목표이고, 기업 안의 모든 사람에게는 행동의 기준이 된다. 또한 업계와 산업 전체의 지표가 되기도 한다.

있을 것이다. 회사가 모든 고객에게 질 높은 서비스 제공을 목표로 한 자아자찬식의 서비스 광고는 대중들에게 외면당하거나, 심한 경우에는 오히려 의심을 사기 쉽다. 서비스의 명성을 전설적인 위치까지 끌어올리는 원동력은 다름 아닌 고객이다. 고객들이 직접 서

비스의 우수성을 경험하게 되면 고객들의 입을 통해 살아 있는 전
설로 다시 태어난다.

서비스가 고객들에게 의미를 부여할 수 있어야
고객들이 서비스의 우수성을 증명한다.
그리고 이러한 서비스만이 중요한 서비스라 할 수 있다.


## ‡ 전설적인 서비스는 왜 실현되지 않는가?

적어도 지난 10년 동안 고객 서비스는 비즈니스 성공의 필수조
건으로 여겨졌다. 그러나 고객들은 여전히 서비스에 대한 불평을
늘어놓는다. 왜 서비스는 진보의 속도가 느린 것인지, 다음의 세 가
지 요인을 들 수 있다.

- 고객만족을 향한 기본적인 노력 부족
- 서비스를 비즈니스의 본질이라고 여기지 않는 자세
- 서비스 리더십에 대한 인식 부족

## ‡ 서비스의 성공과 실패

고객을 소중히 여기는 자세는 어느
업종이나 조직을 막론하고 전설적인
서비스의 기본 정신이다. 서비스에

전념한다는 것은 매 순간 고객을 즐겁게 하기 위해 노력한다는 것을
뜻한다. 그러나 대부분의 기업들은 경쟁에서 이기기 위해 자신들의
모든 에너지를 소비한다. 이는 고객의 존재야말로 회사의 존재 이유
라는 중대한 사실을 간과하고 있다. 단지 사업 실패를 피하기 위한
방편으로 서비스를 할 뿐이다. 고객의 편의를 살피기 위해 무엇이든
하겠다는 사고방식을 가지게 되면 당신은 경쟁을 위한 경쟁에서 벗
어날 수 있다.


## ‡ 내적 가치를 지닌 서비스를 만들어라

전설이 되지 못한 서비스들의 기본 배경을 살펴보면 서비스를 단
순한 상품으로 파악하는 사고방식이 자리잡고 있다. 서비스란 골치
아픈 유행을 따라하는 또 다른 사업 방식 정도로 여기는 것이다.

당신의 많은 시간과 회사의 자본을 들여 서비스의 수준을 향상시
키려 해도 위와 같은 상황에서는 계속 실망스런 결과만 반복될 것
이다. 똑같은 장애물을 극복할 수 없다고 느낄 때마다 욕구불만은

고조된다.

- 조직 안에서 리더 자신의 비전을 전달할 수 없을 때 좌절한다.
- 일상적인 잡무에 쫓겨 서비스에 집중할 수 없다.
- 과중한 사업 경비로 서비스 향상 프로젝트에 투자할 여력이 없다.
- 가격이 고객 결정에 큰 영향력을 미친다.
- 장래성 있는 서비스를 제시할 인재를 얻을 수 없다.
- 우수한 경영 기반(리엔지리어링 경영전략, ISO 9000 계획 등)이 다져질 때까지 서비스 개선이 지연된다.
- 고객들은 현재의 서비스의 수준에 신경쓰지 않는다.
- 기업의 크고 작음의 규모로 서비스 차별화 전략을 이용하기 어렵다.
- 일반적인 서비스 수준으로 개선할 필요를 느끼지 못한다.
- 경쟁사의 서비스가 매우 우수해 다른 분야의 발전에 집중하고 있다.
- 다방면으로 시도해 봤지만 생각대로 잘 되지 않는다.

| 서비스 기준을 높인 회사들 | |
| --- | --- |
| 항공사 | 알라스카 항공사, 리노 에어, 스칸디나비아 항공사(SAS), 사우스웨스트 항공사 |
| 다양화된 서비스 | 페덱스 서비스, IBM, 인튜이트, UPS |
| 오락/숙식 | 메리테란느 클럽, 메리어트 호텔, 리츠 칼튼 호텔, 월트 디즈니 |
| 금융 기관과 서비스 | 시카고 제일금융, 홈 세이빙, USAA |
| 판매업 | 칼릭스 앤 코롤라, 프레시 초이스 식당, 제이 피어먼 회사, 엘엘빈 랜즈 앤, 맥도날드, 노드스트롬, 서비스마스터, 스미스앤 호켄, 태터드 커버 서점, 월마트 |

당신이 만약 서비스에 대해 욕구불만을 느끼고 있다면 서비스가 얼마나 중요한가를 알 수 있을 것이다. 하지만 대부분의 기업들은 서비스가 비즈니스에 필수적인 것이 아니라는 생각을 가지고 있다. 서비스를 단순히 무슨 프로그램이나 회사가 생존하기 위한 목표나 가치로 이해한다면 당신은 엄청난 시간과 에너지, 자본을 낭비하게 된다. 그러나 외부의 힘을 도입해서 활로를 개척하려고 한다면 바람직한 성과를 얻을 수 없다. 서비스란 내재적인 힘을 갖게 되었을 때 비로소 의미가 있다. 서비스가 비즈니스의 기본 토대라고 이해하며 고객이 사업의 중심이라고 믿을 때 힘은 솟아난다. '고객이 원한다면…'이라는 생각으로 서비스를 제공하게 되었을 때, 전설적인 서

비스 제공자인 기업의 끝없는 여행은 시작된다. 노드스트롬 사는 이를 단순하게 한 문장으로 표현하였다.

> 고객에게 봉사하기 위해 기업이 존재한다고 믿는 리더는 고객들을 특별 관리하기 위해 직원들과 협력하여 회사의 독특한 자산들을 발전시켜 나간다.

고객은 우리 비즈니스의 유일한 존재 이유이다.

이런 원리를 제대로 이해하면 고객을 향한 관심은 자발적이 된다. 고객에게 봉사하기 위해 기업이 존재한다고 믿는 리더는 고객들을 특별 관리하기 위해 직원들과 협력하여 회사의 독특한 자산들을 발전시켜 나간다. 사업의 규모, 지리적 위치, 문제의 복잡성 등과 상관없이 고객 제일주의가 바로 모든 전설적인 서비스의 기본 토대가 되는 것이다.

## ✦ 서비스 리더십에 전념하라

서비스가 기업의 기반으로 자리잡은 기업과 그렇지 않은 기업의 가장 큰 차이는 바로 리더십에 있다. 우선 서비스를 전설적인 서비스 수준까지 끌어올리는데 필요한 리더십의 기초적인 원리들을 분석하는 것부터 시작해야 한다. 타사의 서비스 프로그램의 기본을 살펴보는 일은 잘못된 목표를 보는 것과 같으므로 삼가해야 한다.

기교는 고객 서비스의 실천에 아무런 도움이 되지 않는다.
구체적 기교는 리더의 마음가짐에서 저절로 생긴다.


전설적인 서비스의 실
현을 위해서는 당신의 발
자취를 더듬어 서비스에
대한 의식을 높여가기 위
한 노력과 열정밖에는 없
다. 가치에 관해 논할 때
당신이 힘써야 할 두 가지
노력이 있다. 고객에게

'yes' 라고 답할 수 있는 노력과 'yes' 를 실천할 수 있는 노력이다.
즉 서비스 지도자가 되려면 좀 더 심오한 토대 위에서 당신의 서비
스 원리들을 실천할 준비를 해야 한다. 서비스를 지도하기 위해 서
비스에 전념한다는 말이 이치에 맞고 가능할까? 여기서 잠깐 알버
트 슈바이처 박사의 어록을 살펴보기로 하자.


인간을 위한 봉사보다 고귀한 신앙은 없다.
많은 사람들의 행복을 위해 일하는 것이 가장 위대한 신앙이다.


신앙의 'religion' 이라는 단어는 라틴어의 '함께 이어 준다' 라는
뜻에서 그 기원을 찾을 수 있다. 결국 슈바이처 박사의 말을 풀이하

면 인간의 모든 노력이 담긴 서비스가 우리를 이어 주고, 일체화시
키며, 가치 있는 것을 창조하는 가장 위대한 힘이라는 것이다. 즉 서
비스 정신을 모든 활동의 중심에 놓았을 때 당신이 생각한 이상형
의 서비스에 더욱 가까이 갈 수 있다.


## ‡ 원리에서 실천으로

전설적 서비스의 추구는 얼핏 듣기에 복잡하고 요령을 알 수 없
을 것 같지만, 사실 매우 단순하며 이해하기 쉽다. 다행히도 전설적
인 서비스를 향한 신념들은 억제할 수 없는 다이내믹한 힘을 형성
함은 물론 추적이 가능한 발자취를 남긴다. 서비스를 위해 헌신한
사람들 또한 우리가 따를 수 있는 발자취를 남긴다. 그들의 조언은
매우 정확하고 그들의 행위는 이해하기 쉽다. 그들의 신념은 우리
에게 '노하우' 이상의 그 무언가를 전해 준다. 이 노하우는 왜 서비
스에 헌신적으로 임해야 하는지, 그리고 왜 꾸준히 지속해야 하는
지에 대한 해답을 가르쳐 준다.


## ‡ 긴 여정의 전설적 서비스

저명한 서비스 지도자들의 발자취를 더듬는 일은 다른 사람의 서

비스 프로그램을 적용해 보거나 많은 직원들을 고용하는 것과는 다른 문제다. 이미 이런 시도를 했다가 실패한 경험이 있을 것이다. 이제는 헌신적인 서비스 지도자들의 본질적인 실천 원리를 열심히 배워 그 원리들을 당신의 비즈니스에 응용하려고 노력해야 한다.

한 가지 명심해야 할 것은 짧은 기간에 투자하여 그 효과를 기대할 수 없다는 것이다. 전설적인 서비스를 달성하는 일은 일생을 건 추적과도 같다. 당신이 서비스에 헌신하는 그 순간 시작되며 당신이 포기하는 그 순간 끝이 난다. "어떠한 상황에서든 고객에게 완벽한 서비스를 제공한다"이라는 궁극적인 목표에 도달하는 것은 결코 쉬운 일이 아니다. 그러나 이 궁극적 목표에 도달하기 위해 노력한다면 보다 뛰어난 서비스, 보다 뛰어난 기업으로 성장할 수 있을 것이다.

서비스로 명성을 얻기 위해서는 과거와는 근본적으로 다른 서비스를 생각해내야 한다. 그 여정에 수많은 어려운 난관이 기다리고 있겠지만, 너무 어렵게 생각하지 말고 전략적으로 파악하여 대처해야 한다. 그리고 항상 스스로에게 "고객을 위해 무엇을 개발하고 내가 추구하는 것을 창조하기 위해 무엇이 필요한가?" 라는

> **정확한 통찰력의 힘[3]**
> - 직원들에게 최고의 능력을 발휘할 수 있도록 분위기를 조성한다.
> - 직원들의 삶에 의미를 부여해 준다.
> - 수준을 높인다.
> - 현재와 미래에 다리를 놓는다.
>
> 버튼 나누스(Burt Nanus)

질문을 던져 보기를 바란다.

> 전설적 서비스를 목표로 한다면 우선 고객의 처지에서 서비스를 생각해야 한다. 서비스는 회사가 존재하는 이유이다.

전설적 서비스의 기업으로 이끌려면 서비스를 판매 시점에서 파악하지 말고 좀 더 포괄적인 범위에서 바라보아야 한다. 즉 고객의 관점에서 서비스를 생각해야 한다. 서비스는 기업이 존재하는 이유이다. 우수한 서비스를 위해 비즈니스의 모든 측면을 관리해야 한다. 그리고 모든 면에서 서비스를 통합해야 한다. 서비스는 함부로 낭비하는 비용 덩어리가 아니라 비즈니스의 필요불가결한 비용의 일부이다. 그리고 서비스는 고객들의 필요를 충족시키는 일이므로 항상 매출과 직결되는 것이다.

마지막으로 "고객들에게 서비스를 제공하는 사람들"의 편의를 얼마나 자주 고려했는가를 진솔하게 생각해야만 한다. 전설적인 서비스의 리더는 기업 성장을 위한 기회를 포착하는데 집중해야 하며, 또한 고객에게 봉사하는 직원들의 성장을 적극적으로 도와주어야 한다.

## 내용 정리

● 전설적 서비스란 고객에게 커다란 영향을 미치는 최고 수준의 서비스를 말한다.

● 전설적 서비스는 고객의 이유 있는 선택과 지지를 통해 얻어진 서비스를 말한다.

● 전설적 서비스의 실현을 위해서는 강한 의지가 필요하다.

● 전설적 서비스는 기업의 내적 가치의 결과이다.

● 전설적 서비스는 올바른 리더십이 필요하다.

● 고객을 향한 리더의 열정은 폭넓고 확고한 신념이 숨쉬고 있어야만 한다.

● 저명한 서비스 리더의 발자취를 보면 서비스가 전설이 되는 방법을 알 수 있다.

● 전설적 서비스를 향한 지도자의 비전은 자원과 모든 구성원들의 의식을 통합해야 이루어질 수 있다.

## 행동 지침

- 고객들이 저절로 이야기하고 싶어지는 전설적 서비스를 실현하려는 의식을 가져라.

- 전설적 서비스는 달성할 수 없는 목표를 위해 노력할 때 위대한 성과를 얻을 수 있다는 것을 명심하라.

- 위대한 서비스란 무엇인지를 상상하라. 현 시점의 서비스로는 직원들이나 고객들을 움직일 수 없다.

- 성과를 거두도록 노력하라. 기업에 도움이 되지 않는 서비스는 고객이 원하는 서비스가 아니다.

- 꿈을 펼쳐 비전을 공유하고, 함께 노력해 그 결과를 축복하라.

# 고객에 대한 약속:

당신이 하는
모든 일은
서비스가 되어야 한다.

*Commitment:*
*To Be of Service in All That You Do*

▶▶▶ 서비스를 습관화한다.

▶▶▶ 서비스에 관한 전설적인 이야기로부터 배운다.

▶▶▶ 목표와 모델 행동을 생각한다.

# 생활속의 +++++
# 서비스 ++++

2

## ✝ 문제 제기

질 높은 서비스를 창출하기 위한 정확한 계획서란 존재하기 힘들다. 서비스란 조직 고유의 심리 상태이며 태도이며 의식이다. 전설적인 서비스를 특정 고객의 필요를 충족시키거나 경쟁에서 이기기 위한 기술로 혼동해서는 안 된다. 서비스는 서비스 문화를 발전시키는 역할을 하지만 고립된 상태에서는 그다지 의미가 없다. 의미 있는 형태로 서비스를 파악하기 위해서는 단순히 개별 기교에 주목하지 말고, 고객에게 봉사하고자 하는 헌신적 정신에 기반을 두어야 한다.

간단히 말해서 서비스란 우리가 무엇을 하느냐가 아니라 우리가 누구냐 하는 것이다. 서비스가 고객 대화의 소재가 되려면 고객을 위한 행위가 당신의 삶의 방식이 되어야 한다.

## ‡ 전설은 살아 있다

　1980년대 초반에 회사를 찾아온 한 증권 분석가는 "샘 월튼이 알
칸사스 주 벤톤빌에 본부를 두고 시작한 신생 기업은 노드스트롬
사를 연상시킨다"고 말했다. 이 말을 듣고 나는 월마트에 관심을 가
지게 되었다. 높은 성장률이라는 점과 고도로 공유된 문화라는 점
에서 두 회사는 자주 혼동되곤 한다. 그러나 노드스트롬 사가 안전
하고 수익성 있는 패션 분야에 초점을 두고 성장했다면, 월마트는
가격이 낮은 상품들에 초점을 맞추고 있다는 차이가 있다. 그 증권
분석가는 두 회사가 가지고 있는 풍부한 힘과 고객 대응이라는 점
에서 놀랄 만한 유사점을 발견했다. 호기심이 생긴 나는 곧바로 월
마트에 대한 조사를 시작했다.

　월마트에 대한 소문이 확산되면서 매스컴의 관심은 창설자인 샘
월튼에게 쏠렸다. 초기에는 선량한 소년처럼 생긴 노인이라는 다소
조롱섞인 내용의 보도였지만 점점 천재성에 대한 경의로 바뀌어 갔
다. 노드스트롬 사에서는 겸손이 제일의 미덕이며 오만은 악덕이라
는 것이 기본신념이다. 나는 이러한 인간 샘 월튼 대 샘 월튼 신화와
같은 풍조에 다소 환멸을 느꼈다.

　나는 월마트의 수많은 행사들 중
특히 전설이 되고 있는 주주총회에서
샘 월튼 씨를 처음 만났다. 대개 기업
의 최고 경영 책임자들은 주주총회를

　샘 월튼이 죽은 후 월마트 경영
진은 기업 창시자를 기념하는 차
원에서 회사명의 하이픈을 별로
바꾸었다.

싫어해 엉뚱한 시간, 외딴 곳에서 모임을 개회하려고 한다. 그들의 목적은 단 한 가지, 까다로운 질문을 해대는 외부 사람들을 오지 못하게 하려는 것이다. 오전 7시 시작, 알칸사스 대학 부속 건물이라는 장소가 적힌 초대장을 보고 처음에는 다른 회사와 똑같다는 생각을 했다. 그러나 이것도 실은 샘 월튼 씨의 독특한 방법이었다.

나는 7시가 조금 안 된 시간에 도착했다. 샘 월튼 씨는 이미 중앙 무대에서 평생 추억이 될 만한 순간을 맞고 있었다. 연달아 5시간 동안 축하연이 계속되었다. 월마트 회장에게는 작년에 이어 올해도 판매 기록 돌파라는 축하할 만한 업적이었다. 사실 올해는 월마트 회사가 미국에서 최고의 판매업체가 된 해이기도 했다. 그러나 이 모임은 자축연의 자리가 아니었다. 축하의 말을 전하려는 많은 사람들 때문에 5시간이란 장시간의 모임이 되고 말았다.

## 가장 중요한 것이 무엇인지 깨달아라

무엇보다도 모임의 초점은 종업원들에게 맞춰야 한다. 그렇게 생각하자 회의장을 체육관으로 정한 이유를 알 수 있었다. 되도록 많은 사람들을 수용하기 위함이었다. 샘 월튼 씨는 각 기업 상점에서 한두 명의 사원을 선택하여 벤토빌 주주총회에 초대했다. 선정된 대표는 이 모임에 참석해야 할 책임이 있었고, 무려 4천 명의 대표들이 그 책임을 완수했다. 자동차나 버스, 기차, 비행기 등 모든 교통수단을 이용해 그들은 모임에 참석하였다. 주주총회에 참가한다는 것은 그들에게는 커다란 명예였고, 그 명예를 칭송받기 위해 모인 것이다. 그들의 얼굴은 흥분으로 가득했으며 가슴이 벅찰 정도로 기뻐하는 표정들이었다.

샘 월튼 씨는 지역별, 점포별, 상품별, 영웅적 행위, 특별한 재능, 판매 혁신 등의 항목을 설정하여 종업원들에게 표창했다. 그는 많은 상점과 팀원들에게 감사를 표하고 그 해의 멋진 사업성과 보고를 마쳤다. 그 중에서도 가장 시선을 끈 것은 군복을 입고 참석한 종업원들이 많다는 점이었다. 월마트는 걸프 전쟁에서 벌어진 사막의 폭풍이라는 작전을 수행했던 종업원 전원을 특별 게스트로 초대한 것이다.

샘 월튼 씨는 체육관이 수용 인원을 넘어 몇몇 종업원들이 서 있어야 한다는 사실을 알아차렸다. 미국에서 가장 부유하고 전 세계 소매업자들 중 최고의 성공을 거둔 그 판매 회사 사장이 어떻게 했을 것이라 생각하는가? 그는 서 있는 종업원들에게 앞으로 와서 무대 위에 앉으라고 권했다. 200여 명의 종업원들은 잠시 주저하다가 무대 위로 올라가 앉았다. 다소 당황해하던 그들은 잠시 후 이 모임의 취지를 이해했고, 샘의 칭찬과 격려의 목소리에 따라 전원 모두가 한마음으로 합창하기 시작했다. 찬사는 계속 이어졌다. 샘은 공급업자들에게 고마움을 표했으며, 가장 성공적인 협력 업체들은 주목을 받았다. 미국에서 직업을 창출, 유지하기 위해 월마트와 함께 일해 왔던 제조업자들은 특히 중요한 사람들이다. 샘은 주주들에게는 회사에 대한 신뢰를 보여주었고, 주식 분석가들에게는 그들의 현명한 조언에 감사를 표하였다. 이 거대한 사업체의 모든 부분들을 일일이 살펴보며 각 부서의 공헌에 찬사를 보냈다. 무엇보다도 이 모임은 고객들을 위한 축하의 장이었다. 무엇보다 월마트를 위해 애쓴 모든 사람들에게 감사의 인사를 전하는 샘 월튼 씨의 모습은 그 자리에 참석한 모든 사람들에게 잔잔한 감동을 전해 주었다.

예정대로 주주총회가 끝나고 다른 장소로 옮길 시간이 되자, 샘 월튼의 장남 랍 월튼이 마이크로 다가가 말했다.

"여러분! 맘 앤드 대드(Mom's and Dad's)에서 벌어지는 오찬에 모두 참석해 주십시오."


나는 누구보다 먼저 샘 월튼의 집에 당도했다. 1970년대에 세워진 월튼의 집은 화려하다기보다 멋스럽고 아늑했다. 작은 강이 흐르는 언덕 중턱에 서 있는 그 집은 가족적인 분위기가 넘쳐났다. 이곳에서 나는 처음으로 샘 월튼 씨와 대면을 했다. 그는 나의 방문에 매우 감사해하며 기쁨을 표했다. 몇 분 간 비즈니스에 대한 이야기를 나누었지만, 그는 여유로운 표정으로 더 이상 시간을 낼 수 없는 것에 사과를 했다.

"저기 줄지어 서 있는 우리 회사의 사장들이 보이시죠?" 그는 몇백 명의 종업원들이 즐겁게 줄을 서서 기다리고 있는 정원 한 쪽을 가리켰다. "저들은 모두 나와 이야기하고 싶어해요. 그들이 왜 나와 이야기하고 싶어하는지 알 수는 없지만, 어쨌든 그들에게는 중요해요. 다시 말해 그들과 이야기하는 것이 저에게도 중요한 일이에요."

그리고 나는 몇 시간 동안 수백 명의 직원들 한 사람 한 사람에게 따뜻한 인사를 전하는 샘 월튼 씨의 모습을 지켜보았다. 그는 결코 자신의 개인 사정을 내비치지 않았고, 특별한 사람들과 함께 있는 이 순간의 기쁨을 표시하였다. 그가 70대의 노인이라는 것과 무대에서 5시간이나 서 있었다는 것, 또 10년 전에 증상을 보였던 암이 재발할지도 모른다는 것을 전혀 느낄 수 없었다. 그는 직원들 하나하나의 이름표를 주의깊게 살피면서 이름을 불러 주었고, 그들과 가족 이야기를 하거나 함께 사진을 찍기도 했다. 월마트의 모든 관계자들에게 이 자리는 그들 인생 최대의 행사였다고 해도 과언이 아닐 것이다.

개개인들의 장점을 알아보고 멋진 성과에 서슴없이 감사를 표하는
샘 월튼의 재능을 이번 방문을 통해 확실히 실감할 수 있었다.

비즈니스에 대한 이야기를 했을 때 그는 나에게 과제를 제시하였다.

"만약 시간이 있으시다면 저희 유통 센터에 방문하셔서 개선 사항에 대해 말씀 좀 해주시지 않겠습니까?"

"저희 새로운 점포 컨셉에 대해 어떻게 생각하십니까?"

샘은 핵심을 찌르는 질문을 잇달아 던졌다. 나는 조금 충격을 받았지만 그가 나의 지혜를 빌리려고 한다는 사실을 깨달았다. 세계에서 가장 성공한 소매업자는 나에게 가치 있는 무언가를 기대하고 있었다. 샘 월튼 씨 앞에서 전에는 표현한 적 없는 아이디어들을 이

야기하고 있는 내 지식과 능력에 놀라고 있었다. 함께 걷다가 마주친 월마트 직원이나 쇼핑하러 왔던 사람들은 샘을 모두 알아보았다. 그는 사업의 핵심인 고객들과 직원들에게 잊지 않고 일일이 인사를 하였다.

그가 북서부 알칸사스를 토대로 한 소매업이라는 월마트의 이미지를 바꾸기 위해 전 지역 미국인들을 대상으로 필사적인 노력을 할 당시, 샘 월튼을 아는 몇몇 사람들은 그의 업적을 경시하는 경향이 있었다. 그들은 이렇게 말했다.

"누구든 샘 월튼이 한 일을 해냈을 거야. 단지 운이 좋았을 뿐이야."

## 서비스 전설들을 위한 명예의 전당

| | | |
|---|---|---|
| 레온 빈<br>(Leon Bean) | 엘엘 빈<br>(L.L. Bean) | 제조업<br>(Manufacturing) |
| 맥스 드 프리<br>(Max De Pree) | 허먼 밀러<br>(Herman Miller) | 제조업<br>(Manufacturing) |
| 윌리엄 휴렛<br>데이비스 백커드<br>(William Hewlett<br>David Packard) | 휴렛 팩커드<br>(Hewlett/Packard) | 첨단기술<br>(Technology) |
| 제이 윌라드 메리엇<br>(J. Willard Marriott) | 메리엇 호텔<br>(Marriott Hotels) | 숙박<br>(Hospitality) |
| 스탠리 마커스<br>(Stanley Marcus) | 네이먼 마커스<br>(Neiman-Marcus) | 판매업<br>(Retailing) |
| 윌리엄 맥나이트<br>(William Mcknight) | 3엠 주식회사<br>(3M Corporation) | 제조업<br>(Manufacturing) |

| 제이시 페니<br>(J.C. Penney) | 제이시 페니 주식회사<br>(J.C. Penney Corporation) | 판매업<br>(Retailing) |
|---|---|---|
| 샘 월튼<br>(Sam Walton) | 월마트<br>(Wal★Mart) | 판매업<br>(Retailing) |
| 토마스 월튼 경<br>(Thomas Watson, Sr.) | 세계 사업 기계<br>(International<br>Business Machines) | 제조업<br>(Manufacturing) |

샘 월튼 씨가 가진 행운이란 단지 사업을 사랑했다는 것뿐이다. 그는 자나깨나 고객에게 봉사하기 위해서 보다 나은 방법을 찾고 또 찾았다. 그의 사업 규모가 확대되어도 그는 그것을 가능하게 해준 사람들에게 항상 감사하는 마음을 가졌다. 샘 월튼 씨는 비즈니스의 중심은 고객이 되어야 한다는 사실을 알고 있었다. 그가 하는 모든 일에 이 신념을 담았다. 이 열정적인 신념은 서비스 향상을 목표로 하는 모든 사람들이 걸어야 할 가장 확실한 길이라 할 수 있다.


## ✢ 생활속의 서비스

다른 사람에게 도움이 되도록 항상 노력하는 자세가 전설적인 서비스를 위한 리더십의 토대가 된다. 샘 월튼은 이런 말을 남겼다.

위대한 리더란 곧 그들이 만들고자 하는
회사 이미지와 같은 존재가 될 수 있는 사람이다.

서비스 향상 프로그램은 리더가 기업을 위해 가졌던 이상을 자신의 생활에 반영시키는 것에서 출발한다. 전설적인 서비스는 일반 사람들이 일상적인 일을 특이한 방식으로 이루어낼 때 실현된다는 사실을 명심해야 한다. 노드스트롬 사가 그랬고, 다른 서비스와 관련된 전설들이 그러했으며, 샘 월튼도 마찬가지였다. 물론 여러분이 실천하는 경우에도 해당되는 사항이다.

직원들은 당신이 어떻게 일상적인 책임들을 수행하는지를 보고 무엇이 중요한지를 판단할 것이다. 위대함이란 결코 위험한 상황이나 엄청난 성공을 거둔 시기가 아니라 업무를 처리하는 매 순간 발전한다.

혹시 자신의 지시를 잘 따르지 않는다고 직원에게 불평을 하거나 바보취급을 하고 있지는 않은가? 중요한 일을 맡아 바쁘다는 이유로 고객에게 소홀하거나 아예 고객을 상대할 의도가 없지는 않은가?

### 전설적 서비스가 되려면 어떤 습관을 길러야 하는가?

- 이상을 가지고 실천하라.
- 행동을 취하라.
- 평생을 바쳐 가르치고 배워라.
- 자신과 남에게 높은 기대감을 가져라.
- 원하는 회사상을 만들어라.
- 현실적인 신념들을 발전시켜라.

진정한 위기란 지도자가 실천을 통한 자기 이상 실현을 간과한 채 회사가 원하는 것만 직원들에게 요구할 때 일어난다.


## ✝ 탁월한 존재가 되어라

업무 계획표를 보면 리더로서 무엇을 최우선으로 삼아야 하는지 알 수 있다. 그렇지만 무엇을 우선으로 하고 있는지는 계획표의 항목만 보아서는 알 수 없다. 우선 사항을 알기 위해서는 예산안과 리더의 지출 내역만 보면 훤히 드러난다. 리더가 자신의 자원을 어떤 식으로 배분하여 사용하는지는 회사의 재정 관리에 그대로 나타나기 때문이다. 시간과 자금, 관심 등 경영 자원의 분배 방식을 보면 서비스에 대한 배려의 크기나 깊이를 알 수 있다. 행동을 보면 의식의 진실된 정도를 알 수 있다는 말에 많은 리더들이 곤란해한다. 훌륭한 지도자 IBM사의 토마스 워슨 시니어의 진의를 아래 글에서 곰곰이 생각해 보자.

> 탁월한 존재가 되는 것만큼
> 쉬운 일은 없다.
>
> 워슨은 탁월한 존재가 되기 위해서
> 는 탁월한 존재가 되지 못할 일을 하

토마스 왓슨은 한때 'Think'라는 로고를 이용하여 끊임없이 발전하는 회사라는 자신의 이상을 실현하는데 힘썼다.

지 않는 것이 가장 손쉬운 길이라고 했다. 이러한 말들이 서비스 리더와 무슨 관련이 있을까? 톰 피터스는 다음과 같이 대답했다.

"지금 품질과 서비스 향상을 위해 새로운 목표에 전념하려고 한다. 지금 당장이라도 노드스트롬이나 모토롤라가 되고 싶지만, 유감스럽게도 서류함에 쌓인 지겨운 업무부터 끝내야 한다. 하지만 얼마나 좋은 기회인가! 사실 당신은 노드스트롬이나 모토롤라에 대해 잘 모르지만 노드스트롬이나 모토롤라의 중역이 된 것 같은 기분으로 일을 처리할 수 있다. 개발의 어려움을 불평하는 책임자로부터 온 메모를 받았다면? 사무용품 공급처의 변경을 요구하는 서류를 받았다면? 고객이나 판매 대리점에서 온 불평이 담긴 편지를 받았다면? '노드스트롬'이나 '모토롤라'라면 그 사태에 어떻게 대응할까? 작은 일부터 차근히 노드스트롬이나 모토롤라의 탁월한 서비스를 자신의 손으로 실천해 보라."[1]

> 전설적인 서비스는 일반 사람들이 일상적인 일을 특이한 방식으로 이루어낼 때 실현된다.

다른 사람의 흉내를 내는 사이에 그것은 자신의 것이 되고, 계속 하다 보면 저절로 완성이 된다. 탁월한 존재가 되지 못하겠다 싶은 일을 멈추는 것은 순간이지만, 탁월한 분야에서 그 우수성을 유지하는 일은 평생에 걸친 노력이 필요하다. 근육을 지속적으로 움직이면 활동하기 쉬워지고 근육이 강화되며 마침내 그 움직임이 몸에 배게 된다. 다시 한 번 피터스의 말로 돌아가보자.

그는 커다란 성과가 보이는 프로젝트에 좀 더 집중하고 싶지만 일상적인 일들로 정신이 분산되어 도전할 수 없는 상황을 거론하고 있다. 그러나 피터스는 우선 작은 과제부터 탁월한 방법으로 실천해 볼 필요가 있다고 경고한다.

### 말보다 행동으로

지금까지 언급한 이 모든 사항들이 서비스에 완벽하게 적용될 수 있을까? 리더들의 신념을 실현하는데 서비스 분야만큼 즉각적인 반응을 보이는 분야도 매우 드물다. 결국 서비스란 다른 사람에 대한 존중의 표현이다. 직원들은 자신을 포함한 타인을 어떻게 대하느냐에 따라 고객에 대한 리더의 의식 수준을 평가한다.

> 탁월한 존재가 되지 못하겠다 싶은 일을 멈추는 것은 순간이지만, 탁월한 분야에서 그 우수성을 유지하는 일은 평생에 걸친 노력이 필요하다.

고객이 비즈니스 성립의 진정한 이유라 생각한다면, 고객들을 돌보는 직원들의 모든 행동이 당신의 가장 중요한 관심사가 되어야 한다. 리더는 매일 직원들과의 대화를 통해 고객을 향한 당신의 열정을 표현해야만 한다. 직원들은 리더의 생각을 직접 받아들이고 싶어하기 때문이다.

고객이 받는 서비스의 수준을 알고 싶은가? 그렇다면 우선 자신이 비서, 관리인, 일반 사원들을 어떻게 대하고 있는지 객관적으로 살펴보기를 바란다.

## ✝ 당신은 진정 무엇을 기대하고 있는가?

리더는 종업원들에게 매우 큰 기대를 하고 있다. 자신은 위대한 비전을 제시하지만 직원들이 그 실현을 위해 따라주지 못하는 것에 실망을 한다. 그러나 이러한 문제는 이상을 실현시켜 주는 것은 바로 직원들이라는 중요한 진실을 외면하는 데에 있다. 상사의 마음에 들고 싶어하지 않는 종업원은 거의 없다. 그러나 사무실 혹은 상점에서 일하는 종업원이 마음에 들지 않는다면 아마도 그것은 직원들에게 당신의 생각을 제대로 전달하지 못했기 때문일 것이다.

### 행위 모방의 힘

때때로 사소한 행동은 결정에 매우 중요한 역할을 한다. 리더의 사소한 행동 하나 하나가 종업원에게는 행동을 촉구하는 신호가 된다. 가령 회사의 잘 풀리지 않는 문제가 있더라도 일단 점포에 발을 들이면 신경을 온통 그 곳에 집중해야 한다. 토지 계약건이 잘못되었거나 물건을 실은 배가 세관에 묶여 있는 상황들로 줄곧 얼굴을 찌푸리고 다닌다면, 매장에서 이 모습을 본 직원들은 회사에 엄청난 사건이 터졌거나 원인을 자신의 탓으로 생각하게 될지도 모른다.

마찬가지로 전화벨이 울렸는데 즉시 받지 않고 지나친다고 가정해 보자. 그러면 직원들도 똑같이 행동하게 될 것이다. 또한 곤경에 처해 있는 고객을 돕지 않고 그냥 지나친다면 직원들 모두 그래도

된다고 생각할 것이다. 아내가 탈의실에서 나오기를 조급하게 기다리는 남편에게 지루함을 덜어 줄 신문이나 커피를 주는 서비스를 권하지 않는다면 어느 누가 그런 배려를 하겠는가?

나는 모범의 힘이 얼마나 중요한지를 노드스트롬 사를 떠난 후에 깨닫게 되었다. 나는 노드스트롬의 판매력을 따라잡고 싶어하는 소규모 컨설팅 회사의 일을 맡게 되었다. 그 회사의 최고 경영자들은 나에게 종업원을 '노드스트롬화' 해 달라고 제안했다. 그들은 고객 서비스가 가장 중요한 목표라고 직원들에게 항상 강조하지만 종업원들은 그다지 신경쓰지 않는다고 했다. 만약 개선이 불가능하다면 기존의 직원들을 모두 해고시키고 좀 더 유능한 직원들을 고용하여 새롭게 시작할 준비까지 하고 있었다. 임원들은 이런 극단적인 상황에 이르기 전에 내가 직원들의 문제를 파악하여 그 대안을 제시해 주길 기대하고 있었다.

나는 전체의 반수에 해당하는 매장들을 방문하기 시작했다. 각 매장을 방문할 때마다 모두 똑같은 경험을 했다. 상점들은 모두 좋은 입지 조건을 갖추고 있었고, 인테리어도 뛰어났으며, 상품 배치도 깔끔했다. 매장 안의 직원 수도 충분해 보였다. 그러나 계산 담당 직원은 서류를 정리하느라 종일 고개를 숙이고 있었고, 상품을 체크하여 보드판에 열심히 적는 직원이 한두 명 정도 눈에 띄었다. 또 다른 직원은 대걸레로 먼지를 제거하거나 유리를 닦느라 바빴다. 그 밖의 직원들은 창고에서 새 상품을 꺼내어 그 수를 세고 선반에 진열하고 있었다.

나는 바쁘게 일하고 있는 종업원에게 일을 하는데 필요한 것이 무엇이냐고 물어 보았다. 그들은 스트레스가 잔뜩 쌓여 있는 얼굴이었다. 처리해야 할 일이 많은 직원들에게 고객의 쇼핑을 도와준다는 것은 엄두도 못 낼 일이었다.

나는 상점 시찰에 회사 간부들과 동행하기로 했다. 이번에는 공식적인 방문이었으므로 우리들이 매장으로 들어서자 곧 직원들은 경영자가 찾아온 것을 눈치챘다. 만약 직원들이 회사 간부들의 방문을 알아차리지 못했다면 간부들은 자신들의 기준에 못 미치는 직원들의 업무 수행에 불만을 품었을 것이다.

예상한 대로 경영자들은 만족해하지 않았다. 그들은 일제히 선반 위에 손가락을 대어 먼지를 입바람으로 털어내었다. 또한 각 상점을 돌아다니며 계획보다 뒤처지는 상점을 표시한 보고서를 들고 다니며 열세 만회를 위한 이야기를 나누었다. 어느 매장이 재고가 낮은지, 또 어느 매장에 새 물건이 나오지 않았는지도 조사했다. 간부들에게는 어떤 이유도 용납되지 않았다. 손님들을 상대하느라 너무 바빠서 매장을 정리하지 못했다는 직원의 변명은 화를 돋굴 뿐이었다.

인사조차 받지 못하고 매장을 나간 고객들에 대한 언급은 하나도 없었다. 고객이 빈손으로 매장을 나가도 직원들은 고객들이 무엇을 원했는지 궁금해하지 않았다. 매출에 대해서도 논의하지 않았다. 사실 간부들의 관심사는 오로지 상품을 파는 것과 종업원의 목을 조이는 것뿐이었다.

다른 사람이 하는 일을 가만히 살펴보면 사물의 옳고 그름을 알수 있다. 그러나 이 명석한 경영자들은 내가 직원들에게는 아무런 문제가 없다고 말하자 놀란 표정을 지었다. 대부분의 사리분별이 있는 직원들처럼 이 회사 직원들도 사장의 기대를 만족시킬 수 있는 모든 일을 하고 있었다. 함께 방문했던 매장에서 이들이 말한 기대란 고객 서비스나 만족과는 아무런 상관이 없었다. 직원들의 업무 수행 상황을 살필 때에는 어떤 점에 주목해야 할까? 리더가 서비스 향상의 모범을 보여 주지 않고 서비스를 평가하고 보상을 내리지도 않는다면 직원들은 어떤 역할 모델을 따라야 하는가?

유능한 직원은 당신의 모범적 행동, 근거 있는 판단,
공개적인 칭찬에 매 순간 반응한다.


## ⚜ 서비스 마니아

한 가지에만 열중하는 사람을 묘사하기 위해 '마니아(편집광)'란 신조어를 만들어낸 사람은 바로 레온 로이어였다. 이 신조어를 들으면 반드시 머리 속에 떠오르는 사람이 있을 것이다.

전설적 서비스를 만들기 위해서 우리는 고객을 향한 마니아가 되어야 한다. 나는 야구모자를 비스듬히 쓰고 매장을 돌아다니며 고객들과 악수를 하던 샘월튼 씨의 질문을 떠올렸다.

"우리 매장의 서비스는 어떠셨습니까? 원하는 물건은 구입하셨습니까? 어떻게 하면 좀 더 나은 서비스를 제공할 수 있을까요?"

이러한 그의 행동은 그 자리에 있던 사장들뿐 아니라 고객들에게도 커다란 충격이었다. 샘은 결코 시간이나 에너지를 낭비할 사람이 아니었다. 그는 항상 노트를 가지고 다니며 고객들의 제안을 적거나 녹음기에 녹음을 했다. 그 때 얻은 고객정보를 언제라도 활용할 수 있도록 하기 위해서였다.

이런 마니아적인 집중력은 다른 리더들과 노드스트롬의 리더를 차별화시켰다. 노드스트롬 사의 리더들은 결코 나태해지지 않는다. 그들은 고객 서비스의 우수성을 열정적으로 외쳐대는 챔피언이다. 그리고 또 하나 주목해야 할 것은 그들은 자신의 관심 사항을 확실히 실행한다는 것이다.

특히 나에게는 어떤 연설이나 연수, 운동 경기보다도 더 많은 것을 깨우친 경험이 있다. 노드스트롬 사에서 3년 간 근무하면서 나는 어느덧 업무에 익숙해져 있었다. 일에 대한 의욕도 있었고 담당하는 부서의 관리도 잘 되었다.

그러던 어느 날 오후 5명의 노드스트롬 경영자들이 각 매장을 돌아다니는 것을 목격했다. 나는 그들의 방문에 당황했다. 매일 개점과 폐점시간 사이에 들른다는 소문은 익히 들어왔지만, 어느 누가 5명의 경영 책임자들의 방문을 태연하게 맞을 수 있겠는가? 매장을 재빨리 살펴보았다. 눈에 띄는 결점은 없어 보였다. 그들은 단지 지점장 사무실로 가는 도중이라 생각하며 긴장을 풀었다. 그러나 그 때 브루스 노드스트롬이 고민하는 모습이 눈에 들어왔다. 그는 나를 보자마자 내 옆으로 다가왔다.

"베시, 왜 저 두 여인의 표정이 불만족스러워 보이는 거지?"

그는 출구를 향하는 고객들을 가리키며 물었다. 나는 아무런 대답을 할 수가 없었다. 그는 다시 말을 이었다.

"저 두 고객이 그러더군. 지금까지 이렇게 실망스러운 적은 없었다고. 가서 무슨 일이 있었는지 확인해 주지 않겠나."

나는 영문도 모른 채 무작정 그들을 뒤쫓아 갔다. 하지만 따라간 이유를 명확하게 설명할 수 없었다. 하는 수 없이 노드스트롬 씨께서 손님들이 저희 상점에 매우 실망했다는 말을 어깨 너머로 듣고 걱정을 하고 계신다는 말을 불쑥 꺼냈다. 갑작스런 나의 등장에 놀란 그들은 노드스트롬 씨의 사려 깊은 마음을 전해 듣고 금세 기뻐하였다. 그들은 이 상점 때문에 실망한 것이 아니라 사고 싶은 옷을 사지 못하는 자신의 처지를 한탄한 것이라고 했다.

그들이 사고 싶어했던 옷은 이 백화점에서 가장 비싼 매장에 있는 옷이었다. 다소 중저가 물건을 파는 매장을 운영하고 있던 나는 그들을 데리고 가 알맞은 가격대의 옷을 권했다. 그리고 그 두 손님은 만족스러운 미소를 지으며 구매한 두 벌의 옷이 든 쇼핑백을 들고 돌아갔다.

이 사건은 나에게 너무나 인상적인 경험이었다. 나는 매일 매장에 있으면서도 잠재 고객들을 망각한 채 근무하고 있었다. 이 날의 경험은 브루스 노드스트롬 씨의 고객들에 대한 세심한 관심이 매출로 이어진 것도 중요하지만, 그 이상으로 그들에게 백화점을 다시 찾고 싶다는 인상을 남겼다는 것이다. 그리고 더욱 중요한 사실은 그 고객들이 이 백화점에서 산 옷을 입을 때마다 자기가 겪은 유쾌한 경험담을 친구들에게 전할 것이라는 사실이다.

특히 브루스 노드스트롬 씨가 중요한 회의에 참석하러 가는 도중에도 고객들의 말 한 마디에 세심한 신경을 쓰고 있다는 사실이 나에게 너무나 소중한 교훈을 주었다. 5시간에 걸친 어려운 협상을 마친 노드스트롬 씨가 회의장을 빠져 나오면서 나에게 다음과 같은 말을 건넸다.

"당신이 그 고객들을 잘 살펴준 걸 알고 있습니다. 나는 단지 무엇이 잘못되었고 당신이 어떻게 문제를 해결했는지 궁금할 뿐입니다."

이날 내가 배운 교훈은 수많은 세미나에 참석해도 결코 자신의 문제로 이해할 수 없었을 것이다. 노드스트롬 사의 경영진들은 항상 고객 서비스야말로 가장 중요한 임무라고 강조한다. 이 사소한 사건에서도 알 수 있듯이 브루스 노드스트롬 씨는 생생하게 자신의 신념을 실천하고 있었다. 그는 내가 어떻게 고객을 대해야 하는지 몸소 모범을 보여주었을 뿐 아니라 사람들을 이끄는 방법 또한 가르쳐 주었다.

설득력 있어 보이는 말 한 마디보다 리더 스스로의 행동이
더 효과적인 리더십을 발휘한다.

## ⸸ 사소한 일들을 실천하라

서비스 향상에 관한 최대의 업적을 묻는다면 나는 가장 중요했던
사건들을 떠올린다. 예를 들면 홍수가 밀려들었을 때 일어난 일이
나 백화점 오픈 날 변압기가 터진 사건, 혹은 남부 캘리포니아 지역
발령을 앞두고 특별팀을 구성했던 일 등을 말이다. 특별팀을 만들
었을 때에는 이틀 동안의 동기 부여 코스에 직접 참가해 20명으로
이루어진 그룹의 사람들을 지도하기도 했다.

그러나 그들에게 언제 나에게서 가장 많은 것을 배웠느냐고 질문
한다면, 이런 사건에 대해서 이야기하는 사람은 아마 한 명도 없을
것이다. 개중에 내가 백화점 모임에서 했던 연설이나 사내 신문에
실렸던 칼럼들에 대해 언급하는 사람이 있을지도 모른다. 그러나
그보다 내가 오래 전에 잊어버렸던 사소한 사건들에 대해 언급하는
사람들이 훨씬 많을 것이다. 그 이유는 항상 말보다 행동으로 실천
했기 때문이다.

나는 점원들에게 고객이 한 사람이라도 있을 때에는 나에게 신경
쓰지 말고 고객에게만 신경쓰라고 말한다. 나는 모두들 바쁘게 움
직이는 매장에서 전화가 울리면 자진해서 전화를 받거나 또 반품

접수대에서 고객이 기다리고 있으면 즉시 가서 응대한다. 또한 직원들의 극히 개인적인 사소한 사건에 대해서도 종종 이야기를 듣는다. 종업원의 자녀가 병에 걸렸을 때에는 안부를 잊지 않고 묻거나 고객들의 감사 편지에 대해 직원들과 함께 축하를 한다. 그것은 실로 사소한 일에 불과하지만 오랜 시간이 지나는 동안 제 2의 천성이 되어버렸다. 이는 노드스트롬 사의 경영진들을 보면서 배웠던 것으로 고객이나 종업원을 위해 꼭 필요한 요소이다.

## ‡ 서비스 향상을 위한 여행

자신의 성장을 실감할 수 없다면 서비스의 전설들이 남긴 발자취를 더듬어 그것을 받아들이려는 의욕이 생기지 않을 것이다. 열등감에서 벗어나지 못한다면 샘 월튼을 단지 '운 좋은 사람'으로, 빌 게이츠를 단지 '천재'라고 생각하고 체념하는 편이 훨씬 낫다. 이 책은 그들이 어떻게 성공했는지보다 성공한 현재 상태의 측면에 보다 집중하여 다루고 있다. 그러나 그 기업이 계속적으로 성공을 거두고 있다는 것에는 대단히 중요한 무언가가 있다는 사실을 깨달아야 한다.

예를 들면 샘 월튼도 월마트의 성장에 대해 연설하던 중 다음과 같은 말을 했다. "하룻밤 사이에 성공을 거두었다는 사람들과 마찬가지로 나는 여기에 오기까지 20년밖에 걸리지 않았다."

또한 버드 월튼은 형의 성공 비결에 관한 질문에 다음과 같은 말을 했다.

"어린 시절부터 형은 한번 마음먹은 일은 끝까지 밀고 나가는 재능을 타고났다. 그가 신문배달을 하던 시절, 신문 부수를 늘리기 위한 대회가 있었다. 상금이 잘 기억나지 않지만 아마 10달러 정도였던 것 같다. 그 때 형은 한 집 한 집 신문을 팔러 다녀 시합에서 우승했다. 더구나 형은 자신이 이길 것이란 것을 알고 있었다. 그는 그런 사람이다."[2]

우리가 나아가고자 하는 길은 모처럼 결심하고 떠난 여행에서 만나는 갈림길과 같은 그런 알 수 없는 길이 아닐까? 특히 서비스의 향상을 위한 긴 여정 중 잊지 말아야 할 유일한 일정은 바로 꾸준히 노력하는 자세이다. 지속적인 서비스 향상은 응급처치식 해결책으로는 결코 이루어지지 않는다. 마법의 공식은 결코 존재하지 않는다. 서비스의 향상은 매일 매일 반복함으로써 이루어진다. 이를 위해서는 단호한 마음가짐과 진지한 도전, 그리고 낙천적인 자세가 필요하다. 성공했다고 더 이상 노력하지 않는다면 결코 남보다 뛰어날 수 없다.

서비스의 가장 큰 모험은 결코 고객 서비스를
완벽하게 해낼 수 없기 때문에 도중에 그만 둘 수 없는 것이다.

서비스 향상에 대해 어떤 전략을 세우든 반드시 일관성과 지속성이 있어야 한다. 서비스의 향상은 성과가 좋다고 해서 지원하고 나쁘다고 해서 그만 둘 수 있는 일이 아니다. 서비스는 프로그램이 아니라 지속성을 갖춘 과정이고, 화려하지는 않지만 가장 중요한 일이라는 사실을 잊어서는 안 된다.

## 내용 정리

- 전설적 서비스는 인생의 여정이라 할 수 있다.
- 영웅들의 자세를 본받으면 스스로의 가능성도 믿게 된다.
- 전설적 서비스는 평범한 사람들이 평범한 일을 특별한 방식으로 해낼 때 이루어진다.
- 리더가 우선적으로 여기는 일에 따라 종업원의 우선순위도 결정된다.
- 탁월한 존재가 되고 싶다면 불필요한 일들을 즉시 그만 두어라.
- 사람들은 자신의 임무에 열정적인 사람에게 반응한다. 당신의 열정을 공유하라!
- 서비스의 제공은 평생을 바쳐 완성해야 하는 과정이다.

# 행동 지침

- 자신이 유능하다는 것을 항상 의식하라.
- 다른 사람에게 도움을 주려는 자세로 자신의 삶을 바쳐 온 사람들에 대한 책을 읽고 그들의 행동을 관찰하라.
- 자신을 감시하라. 당신이 한 말을 되새겨 보고 직원이나 고객에게 어떻게 대하고 있는지를 생각하라. 남에게 충고한 말을 실천으로 옮기기 위해 무엇을 바꾸어야 하는지 생각해 보라.
- 차근차근 우수한 서비스 습관을 발전시키는 일에 전진하라. 오늘 당장 당신이 그만 두어야 할 일과 덜 중요한 일이 무엇인지 그리고 실천해야 할 가장 중요한 일을 신중히 선택하라.
- 고객이든 종업원이든 자신이 서비스하는 사람에게 최대한 높은 기대를 가져라. 그리고 그들이 자신의 능력을 최대한 발휘할 수 있는 환경을 제공하라.
- 뛰어난 서비스에는 그에 합당한 보수를 지급하라.
- 모순을 받아들여라. 서비스를 제공하는 일은 평생을 바쳐 완성해야 할 과정이다. 동시에 서비스를 제공하는 일에 매일 매일 헌신하라. 그리고 좋은 서비스 습관이 몸에 배어들 때까지 인내하라. 사소한 과실들이 잘못된 서비스 습관이 되지 않도록 해야 한다.

# 고객에 대한 약속:

비즈니스가 고객에게
봉사하기 위한 것이라는
믿음으로 행동한다.

*Commitment:*
*To Act on the Belief That You Are in Business to Serve Customers*

▶▶▶ 고객의 요구와 욕구에 부응한다.

▶▶▶ 고객이 무엇인가를 이해한다.

▶▶▶ 고객과의 모든 접점을 분석한다.

▶▶▶ 최고를 벤치마킹한다.

# 서비스는 고객이 결정한다

전설적인 서비스는 고객에 의해 결정된다.
고객 서비스의 철칙은 고객이 무엇인지를 이해하는 것이다.
-칼 앨브렛

## ‡ 문제 제기

고객이 중요하다고 생각하는 일을 실천으로 옮기는 것이야말로 진정한 양질의 서비스라 할 수 있다. 고객이 중요하게 생각하지 않는 일을 잘하려고 노력하는 것은 아무런 의미가 없다. 사실 고객이 서비스에 감명을 받을 때는 그 서비스가 기대 이상이라고 느껴질 때이다. 고객의 기대에 미치지 못한다면 '수준 미달의 서비스'가 된다.

전설적인 서비스를 제공하기 위해서는 계속 변화하는 고객들의 요구와 욕구에 집중해야 한다. 전설적인 서비스란 고객이 원하는 것을 정확히 파악하여 고객의 만족을 위해 계속적으로 서비스의 질을 높여 가는 것을 말한다.

## ⚇ 고객의 관심을 끌지 못하면 서비스가 아니다

1978년 노드스트롬 사가 캘리포니아에 진출했을 때, 그들은 그곳에 자리잡고 있는 기존 회사들을 능가하려고 하기보다는 '있는 그대로의 모습'으로 접근하는 전략을 사용했다. 대부분의 경우 고객들은 우리만의 독특한 서비스를 좋아했지만, 적어도 한 지역에서만은 고객의 기호에 대해 우리가 얼마나 잘못 생각하고 있는지 깨닫게 해주었다.

미국 북서부에 위치한 시애틀에는 비가 많이 내리기 때문에 대부분의 주택들은 비를 막아주는 따뜻하고 안락한 보금자리라는 느낌이 강하다.

노드스트롬 사는 바로 그런 느낌으로 북서부의 매장

들을 지었는데, 그 방식을 캘리포니아 매장에도 적용했던 것이 문제였다. 벽과 바닥을 어두운 색으로 칠하기 위해 보라색과 남색, 그리고 짙푸른 녹색을 주로 사용했다. 고객의 수준에 맞는 고급스러운 분위기를 연출하기 위해 조명은 백열등을 사용했으며, 투박하고 색채를 왜곡시키는 형광등은 일체 사용하지 않았다. 매장은 마치 부드러운 조명이 비추는 안락한 동굴 같았다. 우아하고 아늑한 분위기가 우리 눈에는 그럴싸하게 보였다.

　이러한 노드스트롬 사의 야심찬 인테리어에 대한 고객들의 반응은 거의 코미디 수준이었다. 고객들은 햇살이 빛나는 주차장에 차를 세워 두고 어두컴컴한 매장에 들어와 마네킹을 손으로 더듬어가며 길을 찾았다. 그리고는 눈을 찡그리고 상품을 위로 들었다가 또 이리저리로 틀어보면서 겨우 색깔을 식별하고 태그를 읽었다. 몇몇 고객들은 매우 미안해하면서 중앙의 큰 조명이나 매장 밖으로 가지고 가서 봐도 되느냐고 물었다.

　조명에 대한 불만은 압도적이었다. 이때까지도 우리는 남부 캘리포니아의 에덴동산 같은 기후에는 우중충한 분위기가 적합하지 않다는 생각을 전혀 하지 못하고 있었다. 한마디로 우리는 간접 조명만이 고객을 배려하는 고급매장에 걸맞다는 생각에 사로잡혀 있던 것이다.

　이 인테리어를 고집한 또 하나의 이유는 비싼 전기세 때문이었다. 남부 캘리포니아에서는 북서부보다 전기세가 10배가량이나 비쌌던 것이다. 그래서 전면적인 리모델링 대신 백열등을 늘려 조도를 높이는 방법을 택했다. 천장에 조명궤도와 조명기구를 추가로 달았다. 두 번째 매장에는 처음부터 두 배의 전등 수와 조도를 보유하도록 설계했다. 하지만 어두운 벽과 천장이 빛을 모두 흡수해 버려서 고객들은 계속 눈을 찡그리고 제품을 바라보아야만 했다.

　이러한 고객들의 불만은 계속되었다. 아무리 조명에 매달려도 고객의 반응은 전혀 개선되지 않았고, 신이 난 것은 조명회사뿐이었다. 우리는 조명에 점점 많은 에너지(돈과 정력)를 쏟아붓고 있었다. 우리의 입장에서는 고객을 만족시키기 위해 취했던 조치들이 오히려 역효과를 낳고 있었다. 고객들은 점점 더 화를 내었고, 게다가 매일 똑같은 대답만 되풀이하는 우리들에게 지쳐 나중에는 정확한 불만의 이유가 무엇인지조차 말하지 않을 지경에 이르렀다.

결국 2년 동안 우리의 고정관념을 관철시킨 후에야 고객들을 이해할 수 있었다. 그들은 "환하게 비춰 주세요!"라고 말하고 있었던 것이다. 그래서 세 번째 매장을 개설할 때는 개방적인 분위기를 연출하기 위해 진회색과 원색 계열로 빛을 환하게 반사시켰다. 게다가 품격에 맞지 않는다며 그토록 경멸했던 밝은 형광등으로 조명을 교체해 버렸다(백열등은 수명도 왜 그렇게 짧던지!). 이후 불만접수 건수와 전기세는 감소하기 시작했다.

## 고객들이 가장 잘 알고 있다

돌이켜보면 현지의 특성을 무시하고 값비싼 매장 분위기를 고집한 노드스트롬의 행동은 스스로의 신조와도 명백히 배치되는 것이었다.

> 엄청난 시간과 돈, 그리고 고민과 노력을 들여 개선책을 내놓았지만
> 고객 만족에 더 큰 걸림돌이 되었다.

당신도 이와 비슷한 실수를 저지른 적은 없는가? 오히려 가장 성

공적인 회사들이 고객들의 욕구를 완벽하게 꿰뚫고 있다고 착각하기 쉽다. 수 년 동안 나는 고객의 요구가 "노드스트롬에 어울리지 않다"는 이유로 묵살되는 것을 자주 보아왔다. 이 말은 고객이 원하는 것이 있어도 회사가 보았을 때 고객에게 적합하지 않았다는 뜻이다.

그래서 우리는 빗발치는 요청에도 불구하고 여름에 신사용 반팔 셔츠를 출시하지 않았고, 리바이스 벤드오버 폴리스테르 바지가 전국에서 히트를 치고 있을 때도 이를 애써 외면했다. 아이들이 크리스마스 선물로 가장 받고 싶어했던 ET 인형도 마찬가지였다. 이런 예는 수없이 많았다.

어쩌면 우리는 '패션의 선도자'라는 회사의 이미지를 고객의 욕구와 필요를 만족시키자는 신조보다 우선시하고 있었는지도 모른다. 어느 샌가 우리는 "저들은 우리 고객이 아니야"라고 말하고 있었던 것이다.

### 당신에게 고객이란 누구인가?

당신 회사의 제품이나 서비스를 구입하고 싶어하는 사람들을 "당신은 우리 고객이 아니오"라며 돌려보낼 수 있는가? 아니, 돌려보내는 일이 있을 수 있는가? 상식적으로 이해가 가지 않지만 이런 일은 실제로 자주 일어난다. 어떤 항공사는 거의 모든 승객이 불만인 것을 알면서도 단거리 항로의 1등석 간식을 신선한 과일에서 소금에 절인 고지방 땅콩으로 교체해 버렸다. 다른 항공사는 탑승 전 안내방송에서 기내로 가지고 들어갈 수 있는 가방 두 개에 대해 남성의 서류가방은 별도로 인정한다는 망언을 해서 여성 직장인들을 당혹스럽게 했다. 그 방송을 들었던 여성들은 회사의 배려심과 관심을 의심하게 되었음은 물론이다.

메뉴판에 "메뉴 변경이나 취소는 받지 않습니다"라고 써 놓은 레스토랑이 과연 당신을 접대하는데 얼마나 많은 관심을 가질까? 물론 그들도 "우리는 아무에게나 접대하는 것을 거부할 권리는 있다"는 애교스러운 변명 정도는 가지고 있을 것이다.

아이오와 주립 대학에서 경제학을 가르치는 케네스 스톤 교수는 전국 규모의 대형 상점이 조만간 진출하면 큰 피해를 면치 못할 것으로 보이는 지역 영세상인들에게 전문 상담을 해주고 있다. 그의 조언은 실용적이고 효과적이다.

"제품 개발과 기업 활동을 좀 더 고객의 필요에 맞춰라."

회사가 고객 유출에 신경을 쓰기보다는 확보된 고객을 만족시키는 데 주력해야 고객과 매출이 증가한다. 이것은 전국 어디에서나 적용되는 원칙이다.

대표적인 예는 시간이다. 영세상인들은 대형 상점의 영업시간이

더 길어서 출혈이 심한 경쟁을 강요당하고 있다고 주장한다. 하지만 고객들의 시각에서 보면 어떨까? 영세상인들은 경쟁 때문에 할 수 없이 영업시간을 연장하기 전까지는 고객들이 막 쇼핑을 시작할 만한 시각에 셔터를 내려버리곤 했다. 철물점을 예로 들어보자. 월마트가 영업시간을 연장하기 전까지 한 철물점은 토요일 오후 2시부터 그 다음주 화요일 오전 10시까지 문을 닫았다. 그리고 영업을 하는 날에도 오후 5시면 문을 닫았다. 그러나 주말과 저녁에 오는 뜨내기 손님들과 정원사들을 유치하기 위해 영업시간을 늘리자 매출이 급격히 상승했다. 이것은 새로운 경쟁에 직면하고 나서야 이루어진 일이다.

고객의 욕구를 고객보다 당신이 더 잘 안다는 생각은 위험하기 그지없다. 오랫동안 고객만족에 성공해 온 기업은 그 노하우를 과신하여 고객들이 현재 원하고 필요로 하는 것을 간과해 버리는 경우도 많다. 최근 〈월스트리트 저널〉에 실린 유로-디즈니에 대한 기사를 보자.

성미 급한 버스 운전사에서부터 퉁명스러운 은행 직원에 이르기까지, 디즈니는 자꾸만 유럽인들의 감정을 상하게 했다. 왕년에 디즈니를 이끌었던 경영진들은 이 말에 고개를 절래 절래 흔들었다. 그들에 의하면 지금의 사태를 부른 것은 바로 과거에 디즈니에게 성공을 가져다주었던 품질에 대한 끝없는 추구였던 것이다.

"우리가 오만했죠."

한 경영진이 고백했다.

"그건 마치 '우리가 으리으리한 타지마할을 짓고 있으니 사람들이 군말 않고 오겠지' 하는 것이었어요."[1]

## 고객은 항상 옳은가?

그렇다. 고객은 항상 옳다. 하지만 일부 고객이 회사나 다른 고객에게 피해를 끼치는 경우도 분명히 있다. 이럴 때는 암묵적인 계약이라는 측면에서 판단하는 것이 좋다.

회사는 고객을 존중하여 제품과 서비스를 가장 공정한 가격에 제공해야 할 의무가 있다. 고객의 의무는 회사를 존중하여 자신이 지불할 용의가 있는 가격 안에서 제품과 서비스를 요구하는 것이다.

만약 고객이 기업을 유지하기 어려울 정도로 지나친 요구를 한다면 그 계약은 성립할 수 없게 된다.

단골 고객은 모든 회사를 지탱해 주는 버팀목이다. 이 충성스러운 고객들에게 보답하는 것이야말로 회사 운영의 초점이 되어야 한다. 불충성스러운 고객에게 보답하는 것은 서비스가 아니다. 그런 서비스는 이름뿐인 고객들에게 악용될 소지가 많다. 직원들도 사기가 떨어져 더 이상 열의를 가지고 서비스할 수 없게 된다. 게다가 회사의 힘을 고갈시켜서 정작 신경써야 할 고객들에게 돌아갈 시간과 돈과 에너지를 앗아가 버린다.

고객이 듣고 싶은 말은 바로 "괜찮습니다. 저희가 조치해드리겠습니다!"이다.

회사에 이러한 분위기가 자리잡기를 원한다면, 간혹 무리한 요구를 하는 고객을 만났을 때 당신 직원을 지원해 주어야 한다. 최선의 방어책은 경영진의 강한 지원이다.


## ✢ 의외의 결과 법칙

어떤 방침을 정하거나 제품과 서비스를 개발, 혹은 사업을 확장하기 전에 고객의 의견을 묻거나 반응을 확인하지 않으면 경영 자원과 고객의 신뢰를 동시에 잃을 수 있다.

예를 들어보자. 주요 항공사들은 고객이 사랑하는 사람을 잃었을 때 금전적인 부담을 덜어 주는 위로요금제를 기획했다. 알래스카항공의 구호가 그 의도를 가장 잘 드러내고 있다.

"고인의 친척이 찢어지는 가슴을 부여잡고 가장 싼 가격에 장례식장으로 날아간다."

이 상품이 가지고 있는 최악의 단점은 행정적인 절차가 너무 복잡하다는 것이다. '사랑하는 사람'을 규정하는 수많은 기준과 예외 기준들은, 그렇지 않아도 비통해하는 고객을 분노하게 만든다. 이럴 바에는 차라리 위로요금제를 폐지하는 편이 나을 것이다.

### 불만의 진실[2]

- 불만을 가진 고객의 4%만이 실제로 불만을 제기한다. 나머지 96%는 화가 난 채로 돌아선다.
- 어떤 불만이 접수되면 같은 불만을 가진 고객이 평균 26명은 더 있다는 뜻이다. 그 중 6명은 심각한 불만을 가지고 있다.
- 불만을 제기한 고객 중 56~70%는 불만이 해소되면 다시 찾아온다. 회사가 신속하게 대처한다면 96%까지도 가능하다.
- 불만이 있는 고객은 그것을 평균 9~10명에게 이야기한다. 20명이 넘는 사람들에게 이야기하는 고객도 13%나 된다.
- 불만이 해소된 고객은 그것을 평균 5~6명에게 이야기한다.

## ✚ 전설적인 서비스가 되기 위한 처방

서비스에 만족해하는 고객을 관찰하면 어떻게 해야 전설적인 서비스가 되는지를 배울 수 있다. 즉 고객에게 봉사하기 위해 회사가 존재한다고 믿고, 그 믿음에 근거하여 회사를 경영해야 하는 것이다. 그러면 고객들이 알아주는 날이 온다.

> 당신이 고객 봉사의 사업에 종사한다고 믿고, 그 믿음을 갖고 행동하면 고객은 반드시 반응할 것이다.

이 처방은 이 책에서 반복되는 패턴이다. 이 책은 한 장이 끝날 때마다 당신의 회사를 잘 돌이켜보라고 충고하면서 신조를 행동으로 옮기는 방법에 대해 말해 주고 있다. 이러한 처방이 가지고 있는 가장 큰 장점은 서비스가 고객으로부터 멀어지는 일을 방지할 수 있다는 것이다. 고객을 존중하고 그들의 기대에 유연하게 대응한다면 기대 이상의 서비스를 제공할 수 있게 된다.

## 전설적인 서비스가 되기 위한 처방

**첫째, 고객 존중**

- 고객 때문에 회사가 존재한다는 당신의 신념을 말과 행동으로 보여준다.
- 회사의 모든 구성원들의 의사결정의 기준은 언제나 "고객들이 어떻게 반응할까? 고객들이 진짜 원하고 필요로 하는 것일까?"라는 사실을 기억하게 한다.
- 고객이 직접 제공한 피드백과 컨설턴트, 공급업자, 직원, 데이터베이스와 보고서 등을 통해 가능한 모든 정보를 수집하고 추려낸다.

**둘째, 유연성**

- 고객들에게 "편하신 대로 하세요"와 같은 태도로 대한다. 서비스 보증서나 제품 보증서, 그 외의 고객만족 제도들이 유연하게 적용되지

못하면 의미가 없다. 당신이 정한 규칙에 고객이 따라오느냐는 중요하지 않다. 중요한 것은 당신이 고객에게 적절하게 대응하도록 도와주는 최소한의 규칙만을 갖는 것이다.

- 고객으로부터 가장 가까운 곳에서 의사결정을 내림으로써 고객의 요구에 부응한다. 일선 직원이 직접 결정을 내리지 못한다면 무언가 문제가 있는 것이므로 깊이 분석해 본다.

- 일선 직원들에게 고객에 대한 권한과 책임을 동시에 부여한다. 이를 위해서는 경영자가 단호한 의지를 보여야 한다. 교육과 훈련을 통해 당신의 의지를 알려야 일선 직원들이 자유롭게 권한을 행사할 수 있게 된다. 고객들은 적은 수의 직원들을 상대할수록 좋은 서비스를 받았다고 생각한다. 고객이 양말 한 켤레를 구입할 때나 복잡한 임대료 흥정을 할 때, "걱정 마세요. 제가 조처해드릴게요"라는 말처럼 듣기 좋은 말은 없다. 반면 고객이 요구사항을 상급자에게 몇 번씩 반복해서 말해야 할 때만큼 짜증나는 일도 없다.

## ⚛ 고객의 가치관

그렇다면 고객들은 대체 무엇을 원하는가? 1990년대에 유행했던 경영철학은 고객의 관심을 세 가지로 요약한다. 그것은 첫째도 가격, 둘째도 가격, 셋째도 가격이다. 혹자는 품질도 중요한 기준이라고 말할지 모르겠지만, 그것은 가격 다음의 고려사항일 뿐이다.

## 고객에게 봉사하는 방법

● 고객이 회사에 대해 하는 말에 귀를 기울인다.

● 회사의 모든 역량을 서비스에 집중시킨다.

● 고객은 정직하게 마음에 끌리는 회사를 선택하므로 그 결정을 존중한다.

● 고객이 선택한 회사를 벤치마킹한다.

● 고객이 다니는 곳에 가본다.

● 고객이 당신의 제품과 서비스를 이용하는 모습을 관찰한다.

● 당신의 경험과 고객의 경험을 연관시켜 생각해 본다.

● 고객에게 계속 집중할 수 있는 여건을 만든다(표본 고객 인터뷰, 근무 현장 방문, 고객의 피드백을 받으면 상부에 전달하도록 일선 직원 교육).

● 직원들이 고객의 입장에서 생각하도록 훈련시킨다.

이 분석이 오늘날의 비즈니스에도 유효한가? 여기서 마이클 트레이시와 프레드 빌르스마가 '하버드 비즈니스 리뷰'에서 제기한 의문점을 짚어보자.

혜성처럼 등장한 델 컴퓨터는 어떻게 컴팩 등 PC산업의 강자들과 맞닥뜨릴 수 있었던 것일까? 비슷한 제품을 판매하는 데도 왜 경쟁업체들은 홈디팟에게 고객을 빼앗기고 있을까? 스포츠 신발업계의 신예 나이키는 오랫동안 최고의 자리를 지켜 왔던 아디다스를 어떻게 추월할 수 있었을까? 이들에게는 공통점이 있다.

첫째는 기업 가치를 고객에게 맞추어 재정립했고, 둘째는 그 가치를 실현할 기업 구조를 경쟁자들보다 더욱 강력하고 응집력있게 조직해낸 것이다. 그리고 마지막으로 그렇게 함으로써 이들은 경쟁자들보다 고객의 기대를 훨씬 크게 만족시켰다. 이 연구자들은 가격과 질이 가치를 결정한다는 단순한 시각에서 탈피했다. 그 대신 오늘날 소비자들의 가치는 고객 중심의 서비스와 능률적인 조직, 그리고 품질보증으로 구성된다는 결론을 설득력 있게 제시했다. 성공적인 회사들은 고객이 가장 가치를 두는 부분에서 남들보다 앞서기 위해 노력을 집중하며, 그러면서도 다른 부분에서 최소한의 질을 확보한다.[3]

어디서나 통용되는 서비스의 표준 같은 것은 존재하지 않는다. 소비자나 고객, 환자 혹은 손님의 입장이 되어보면 쉽게 알 수 있다. 패스트푸드

> 당신이 고객의 기대치를 넘었을 때만이 고객은 당신의 탁월한 서비스를 인정할 것이다.

와 '자갓 레스토랑 안내지'가 추천하는 메뉴 사이에서 선택을 할 때 가격만을 고려하지는 않는다. 빠르고 값싸고, 확실한 서비스(효율적인 서비스)를 원하는지 아니면 개인적인 대접과 배려, 세심한 서비스, 분위기(고객 중심의 서비스)를 원하는지에 따라 달라지는 것이다. 아마도 외식을 할 때 가장 중요한 고려사항이 되는 것은 요리사의 명성일 것이다(곧, 품질 보증이다). 꾸준히 고객의 사랑을 받는 레스토랑이나 회사는 고객의 우선 가치를 정확하게 파악하여 그 부분에서 앞서가기 위해 경쟁하면서도 다른 부분에서 일정 수준을 유지하는

기업들이다.

고객은 기대치를 초월하는 서비스만 기억한다.

사실 이것은 굳이 강조하기에는 너무나 당연한 내용이다. 하지만 잠시 고객이 되어 생각해 보자. 당신이 중요시하는 가치를 최대한 실현하려고 노력하는 회사가 몇이나 되던가? 고객 서비스를 이루는 세 가지 요소는 친근한 개별 서비스와 효율적인 조직과 완벽한 품질이다. 그 중 어떤 조합은 언제나 대부분의 고객을 만족시킬 정도로 보편적이다. 이들 세 요소를 조합하는 데에 있어서 선택의 폭이 좁을 때도 있고 넓을 때도 있다. 핵심은 고객이 중요시하는 가치를 파악하여 그에 맞는 정확한 조합을 발견하는 것이다. 고객의 입장에서 생각하고 그에 따라 서비스를 개선시켜 나간다면 그 조합을

### 왜 기업들이 고객을 잃는가?[4]

| 비율 | 이유 |
| --- | --- |
| 1% | 죽음 |
| 3% | 이사 |
| 5% | 동료에 의한 영향 |
| 9% | 경쟁사의 유혹 |
| 14% | 제품에 대한 불만족 |
| 68% | 일부 기업 사원의 냉담한 태도에 의한 실망 |

터득할 수 있을 것이다. 그렇게 되면 경쟁업체와는 비교도 할 수 없을 만큼 고객의 기대에 부응할 수 있다.

## ⟡ 진실의 순간과 기회

오래 전 싱가폴 항공의 회장으로 취임한 잰 칼즌은 기울어가던 회사를 회생시켜 고객 서비스에 대한 새로운 지평을 열어 주었다. 그 중에서도 가장 각광을 받은 것은 '진실의 순간' 이론이다.

진실의 순간은 고객과 회사가 만나는 모든 순간이다.

이 개념을 설명하기 위해 칼즌이 자주 사용했던 더러운 재떨이의 예가 있다. 여객기 승객은 더러운 재떨이를 발견하는 순간 제트 엔진의 상태에 대해서도 의심하게 된다는 이야기이다. 당신의 회사에서 재떨이에 해당하는 것은 무엇인가? 회사는 거래를 하는 자리 외에 또 어디에서 고객을 만나는가?

모든 개인적인 만남과 업무, 제품 또는 서비스의 완성도가 고객의 가치관을 통해 평가된다. 이것들은 고객이 가지고 있는 회사의 이미지에도 큰 영향을 미친다.

하지만 언뜻 보기에 사소한 일이 중요한 경우도 있다. 소매점의 경영진은 고객들이 출입하는 문을 사용하고, 고객용 번호로 전화하

회사의 이름을 달고 있는 시설과 직원, 제품, 공정을 보면 회사가 얼마나 고객 중심으로 경영되는지 알 수 있다.

고, 고객들이 제품을 받는 경로를 통해 배달 받고, 고객들이 가는 식당에서 식사를 해보아야 한다. 회사의 이름을 달고 있는 시설과 직원, 제품, 공정을 보면 회사가 얼마나 고객 중심으로 경영되는지 알 수 있다. 이것이 바로 진실의 순간이며 항상 관심을 필요로 한다.

한 이야기를 예로 들어보자. 허름하게 차려입은 고객이 은행에 가서 주차 확인을 해달라고 부탁했다. 직원은 그것이 우수 고객에게만 주어지는 특혜라고 잘라 말했다. 그러자 고객은 그 자리에서 자신의 계좌를 모두 조회하여 백만 달러가 넘는 예금을 인출하고는 건너편에 있는 라이벌 은행으로 유유히 걸어가 버렸다.

당신이 거래처를 바꾸기로 결심했던 진실의 순간을 기억해 보자. 재떨이나 주차장은 아닐지라도 역시 거래 관계 전체로 보았을 때는 극히 사소한 부분이지 않았는가? 이사진과 재정기획가는 훌륭한데 은행원의 실수로 고객을 잃는다거나, 최고급 요리를 자랑하는 단골 레스토랑의 형편없는 화장실 때문에 발길을 끊는 일이 일어난다.

고객이 떠나는 이유가 시시해 보일지 몰라도 절대로 비합리적으로 함부로 내린 결정이 아니다. 고객이 회사를 만날 때면 누구나 갖고 있는 기본적인 기대와 연관시켰을 뿐이다. 그렇다면 도대체 회사가 어떻게 해야 매 진실의 순간마다 한결같은 서비스를 할 수 있는 것일까? 만약 서비스를 결정하는 것은 고객이라는 신념이 있다면 훌륭한 서비스로 발전할 수 있는 다음 단계가 보일 것이다.

### 직장에서 고객을 만난다

고객을 만나야 고객을 가장 확실히 파악할 수 있다. 회사의 규모와 상관없이 고객들을 정기적으로 만나는 것은 가장 생산적으로 시간을 보내는 방법이다.

고객을 만나는 가장 직접적인 방법은 톰 피터스가 말하는 '발로 뛰는 경영'이다. 이것은 샘 월튼이 사용했던 방법인데, 어떤 상황에서도 효과적이다. 고객과의 약속이 있을 때 함께 참석하고, 직접 세일즈 전화를 하거나 고객과 만나는 중요한 회의에 참석하면 많은 것들을 배울 수 있다. 단, 그 자리에서는 군림하려는 자세를 버리고 대신 배우려는 자세를 가져야 한다. 크고 작은 모임에 직접 참석하면 고객에 대해 많은 것을 배울 수 있고, 동시에 당신이 가지고 있는 기업 가치를 직원과 고객 모두에게 알릴 수도 있다.

### 직장 밖에서 고객을 만난다

업무 시간이 끝나도 발로 뛰는 경영은 계속될 수 있다. 고객들이 가는 곳에 가보거나 당신 회사 제품을 사용하는 것을 보면, 전에는 생각도 하지 못했던 제품 개선안을 생각해낼 수 있다. 어쩌면 아예 새로운 아이디어가 떠오를 수도 있다.

회사가 성장할수록 중산층을 외면하고 고급화를 추구하려는 경

향이 있다. 하지만 거의 모든 시장에
서 중산층은 가장 큰 비중을 차지한
다. 한때 미국 최고의 부호였던 샘 월
튼은 고객의 생활 스타일을 외면하

기보다는 오히려 거기에 동참하는 기업문화를 견지했다. 그래서 월
마트의 이사들과 국장들은 고객을 지켜볼 수 있는 데니스에서 식사
를 하고, 24시간 내내 불을 켜놓고 기다리는 모텔에서 밤을 새웠다.
월마트의 직원들은 직급에 관계없이 모두 월마트의 제품을 사용하
여 고객의 생활을 직접 영위했다. 그런 방법으로 고객과 통하는 대
화 채널을 항상 열어 두었던 것이다.

### 솔직한 보고를 장려한다

모든 직원들에게 피드백의 중요성을 일깨워야 하는 이유는 너무
나도 명확하다. 샘 월튼이 월마트 직원 핸드북에 쓴 것처럼 현장에
서 무슨 일이 일어나는지 아는 이들은 고객을 직접 상대하는 일선
직원들뿐이기 때문이다.[5]

경영자가 현장으로부터 격리된 대부분의 회사에서 솔직한 보고
를 올렸다고 일선을 치하하는 일은 드물다. 일선에서 피드백이 들
어왔을 때 보고자에게 설교를 늘어놓지 말자. 그 대신 솔직한 피드
백에 대해 합당한 상을 준다면 서비스가 개선될 뿐만 아니라 직원
들의 사기도 놀라울 정도로 향상될 것이다. 일선 직원들이 고객의
말을 귀담아 듣고 그것을 조직 꼭대기까지 전달할 수 있게 되면 회

사에는 막대한 이익이 주어질 것이다. 직원들이 고객의 입장을 이해하게 만드는 또 한 가지 방법은 모든 직원이 고객을 방문하는 것이다. 회계 부서나 고객 상담 부서가 고객을 직접 대면한 뒤에 크게 변화하는 모습을 볼 수 있다.

### 고객이 처한 상황을 재현해 본다

일반형 및 소형 컴퓨터 제작회사 디지털에큅먼트(DEC) 사의 전 회장이었던 켄 올센은 고객이 자사의 제품을 받았을 때 받는 느낌을 아주 드라마틱하게 재현하곤 했다. 올센은 직원들이 모두 지켜보는 앞에서 지렛대로 운송용 나무상자를 개봉했다. 직원들은 회장님이 상자를 열기 위해 진땀을 빼는 것을 보면서 고객들이 매번 같은 일을 겪는다는 사실을 확실하게 알 수 있었다.

### 스스로 눈 높은 고객이 되어 본다

당신이 고객 입장이었을 때 가장 기뻤던 일은 무엇인가? 또 언제 실망하고 언제 분노하는가? 당신이 고객의 입장일 때 무엇에 가치를 두는지 잘 기억해 두었다가 당신의 고객에게 적용해 보자.

> 네이만-마르커스 소매 체인은 1907년 허버트 마르커스 경과 그의 누이인 케리 마르커스 네이만과 그녀의 남편에 의해 창업되었다.

나이만-마커스 소매 체인점은 고객들에게 신뢰받는 품질로 유명하다. 허버트 마커스와 그의 아들 겸 후계자 스탠리 마커스는 자신들을 고객으로 대접하지 않는 곳에서는 아무것도 구입하지 않겠다고 다짐한 적이 있었다. 이들은 첫 해에 벌써 48,000달러에 가까운 돈을 절약할 수 있었다고 한다. 액수가 커진 데에는 판매직원이 고객에게 봉사하기보다는 계약을 맺는데 급급해서 구입을 취소한 BMW가 한몫했다.[6]

마커스 씨의 일화를 읽고 나서 나는 많은 것을 느꼈다. 회사가 좋은 서비스를 하려면 내 자신이 서비스에 대한 높은 기준을 설정해야 한다는 것을 배웠다. 그래서 나도 마커스 씨처럼 '눈 높은 고객'이 되어 보기로 했다. 그러자 나도 적지 않은 돈을 절약할 수 있었는데, 불행하게도 노드스트롬 백화점도 예외가 아니었다. 어떤 물건에 관심이 있어서 판매 직원에게 온갖 눈치를 주었는데도 무시당한 적이 한두 번이 아니었다. 그럴 때는 구입을 포기하거나 아니면 다른 부서, 심지어는 다른 지점으로 가보곤 했다. "이 물건을 나에게 판매하는데 충분히 관심을 기울인다면 사겠다"는 태도는 시사하는 바가 크다.

직원이 장부에 기록하는 것 이상의 어떤 노력을 들여야 구입하는 습관을 들여보자. 언제 고객이 대접받았다고 느끼는지 알 수 있을 것이다. 개인적인 경험을 잘 반추하면 경영철학을 한 단계 격상시킬 수도 있다. 반대로 눈 높은 고객 심리를 이해하지 못하여 스스로 설정해 놓은 기준이 자꾸만 낮아진다면 고객을 감동시키는 서비스는 먼 나라의 이야기가 되고 만다.

## 고객은 지갑으로 투표권을 행사한다

스스로 눈 높은 고객이 되어 보면 고객이 지갑으로 투표권을 행사한다는 사실을 실감할 수 있다. 다른 모든 조건이 같을 때 고객은 서비스가 월등한 회사를 선택한다. 아무리 회사가 구조조정을 한다고 해도, 혹은 부서를 통폐합하거나, 제품 수를 줄이거나, 지사에서 철수하거나, 생산라인을 줄이거나, 전반적으로 사업을 축소한다고 해도 고객이 만족한다면 매출은 증가한다. 전설적인 서비스는 그저 사람들에게 좋은 느낌을 주는 막연한 접근법이 아니다. 그것은 고객들의 요구에 부응하여 그들의 투표를 얻는 행위이다.

## 최고를 벤치마킹한다

몇몇 전문가들은 월마트 때문에 미국 소도시들의 영세 소매점들이 문을 닫고 있다고 주장한다.

고객의 협조 없이 성공하는 회사는 없다.

만약 당신이 월마트에게 고객을 **빼앗기고** 있다면 불공평한 경쟁을 탓하기 전에 고객 유출이 당신에게 무엇을 말하고 있는지 잘 생각해 보아야 한다. 고객은 지갑으로 투표하므로 고객이 선택하는 회사가 곧 승리하는 회사이다. 고객의 지갑을 유치하기 위한 경쟁을 주저하지 말고 고객이 원하는 것을 파악할 기회를 포기하지 말아야 한다. 사고의 틀을 넘어서야 고객이 원하는 것을 볼 수 있는 눈이 생긴다.

게으른 서비스에 대해 흔히 들을 수 있는 핑계는 "우리 고객은 그런 수준까지는 바라지 않아"이다. 한 대형 백화점은 파산 보호 신청을 낸 후 구조조정의 후유증을 의논하는 자리를 가졌다. 그들은 대량 해고 후에 직원이 모자라 충분한 서비스가 이루어지고 있지 못하다는 사실을 알고도 그 심각성을 축소하려 했다. 그들은 "고객들은 우리가 노드스트롬처럼 되는 것까지는 바라지 않아"라며 자위하고 있었다.

그 백화점이 그렇게 생각하고 있다면 이것은 불행한 일이다. 아닌게아니라 고객들은 다른 상점에서도 노드스트롬과 같은 수준의 서비스를 기대하기 때문이다. 존중과 품격을 경험한 고객들은 다른 곳에 가서도 그런 대접을 받고 싶어한다. 이것은 유통업에만 국한되는 것이 아니다. 고객들은 그들이 가장 만족했던 서비스를 기준으로 삼는 경향이 있다. 방금 가족 휴가로 디즈니랜드에 갔다 온 고객이 귀사에 어떤 서비스를 기대하겠는가? 포시즌즈 호텔에 투숙했던 고객이라면? 올리브가든 레스토랑에서 식사한 고객이라면? USAA에서 보험을 갱신한 고객은? 다른 상점의 고객들이 노드스트롬 수준의 서비스를 기대하는 것은 너무나 당연하다.

당신의 회사도 예외가 아니다. 당신의 고객도 가장 높은 수준의 서비스를 기대한다. 이 현실을 잘 이용해야 한다.

디즈니랜드는 하나밖에 없다. 만약 당신이 놀이공원을 경영하고 있다면 디즈니랜드를 벤치마킹해 봐야 기껏 디즈니랜드의 뒤꽁무

니만 쫓아갈 뿐이다. 디즈니랜드를 따라잡거나 추월한다는 것은 불가능하다. 하지만 당신이 다른 산업에 있다면 그 분야의 디즈니랜드가 되는 것은 의미가 있다. 노드스트롬은 사우스웨스트 항공과 리츠-칼튼 호텔을 벤치마킹함으로써 더 발전할 수 있었다. 다른 백화점들은 노드스트롬을 모방만 해서는 안 된다. 대신 다른 산업에서 고객의 기대를 200% 만족시키고 있는 회사를 연구해야 한다. 각 분야에서 고객이 최고로 여기는 회사들을 벤치마킹하여 서비스를 개선시켜 나가야 한다.

## 벤치마케팅의 지침

1. 당신의 문제점을 인지하라.
2. 당신이 직면한 문제들을 해결하는 기관을 선택하라.
3. 목표를 분명히 하라.
4. 찾아가라.
5. 결과를 물어라.
6. 습득을 행동으로 전환시켜라.
7. 그 습득을 당신의 조직 내부에 보급하라.
8. 성공한 이들에게 얼마나 많은 성과가 있었는지를 보여주어라.
9. 그 사이클(순환)을 반복하라.

## 고객의 기대 이상을 서비스해야만 전설이 될 수 있다

자신의 업종에서뿐만 아니라 모든 면에서 최고가 되어야 하는가? 그렇다. 전설적인 서비스를 원한다면 다른 선택의 여지가 없다. 고객의 기대치를 과소평가하는 회사는 결국 망할 수밖에 없다. 고객의 기대에 부응하는 회사는 망하지는 않겠지만, 전설적인 서비스를 실현하는 경쟁자의 자비를 바랄 수밖에 없는 입장에 놓일 것이다. 고객의 기대치는 다른 곳에서 훌륭한 서비스를 맛보고 올라가기도 하지만, 귀사의 서비스가 향상될수록 올라가기도 한다. 항상 기대 이상의 서비스와 다른 어떤 곳에서도 받을 수 없는 서비스를 제공하도록 부단히 노력해야 한다. 전설적인 서비스를 제공하는 이들은 좋은 서비스에만 매달리지 않는다. 그들은 스스로의 기준을 넘어서기 위해 전력투구한다. 전설적인 서비스를 실현하려면 진정한 노력파가 되어야 한다.

고객을 위해서 무슨 일을 할 것인가가 관건이 되어야 한다.

서비스의 세계에서 교체타임 같은 것은 존재하지 않는다. 승리에 안주해서도 안 된다. 고객들이 대접받는 것을 당연하게 생각하는 것은 기정사실이다. 그러므로 간간이 깜짝 이벤트로 고객을 즐겁게 하면서도 꾸준히 높은 수준의 서비스를 유지하는 것이 중요하다. 항상 한층 더 높은 서비스를 준비하는 것이 전설적인 서비스를 유지하기 위한 비결이다.

위에서 리치 칼튼 호텔에 대해 언급했었다. 리치 칼튼의 모토는 '신사 숙녀를 접대하는 신사 숙녀'로, 그들의 친절함은 항상 특별하게 느껴진다. 하지만 리치 칼튼에서 투숙하는 것이 즐거운 이유는 그들이 베푸는 의외의 작은 배려들 때문이다. 그들은 단골고객에게 온갖 종류의 상품이 적혀 있는 리스트를 건네주며 마음에 드는 물건을 선택하도록 한다. 그리고는 아름다운 수준급 객실에 가끔씩 아주 특별한 선물을 갖다놓는다. 그게 과일 쟁반일 수도 있고 신발을 넣는 여행용 가방일 수도 있다. 또는 특별한 신문이나 잡지일 수도 있다. 체크인을 하고 방에 들어갔는데 전혀 기대하지도 않았던 선물을 보면 기분이 어떨까?

비슷한 예로 힐튼 호텔은 침대 위에 나이트셔츠를 올려놓은 배려 하나로 나를 단골고객으로 만들었다. 처음에는 대여용이려니 했는데 셔츠에 붙여진 사려 깊은 메모를 보고서야 나는 그야말로 기대하지도 않았던 선물을 받았다는 것을 알게 되었다.

여기서 잠시 회사가 고객을 특별하게 생각한다는 것을 알리는 방법을 생각해 보자. 호텔에서 고객이 예약한 방보다 더 좋은 빈방으로 서비스해 주는 것은 좋은 예이다. 지배인이 고객을 더 좋은 빈자리로 안내해 주거나 항공사에서 좌석 업그레이드를 해주는 것도 좋은 방법이다. 회사가 이런 서비스를 제공한다고 해서 손해를 보지는 않는다. 어차피 빈 스위트룸과 테이블, 비행기 좌석이었기 때문에 회사가 손해 볼 것은 하나도 없다. 이런 공짜 서비스에 맛들인 고객이 항상 싱글 가격에 스위트룸을 원하고 제 돈 내고는 비즈니스

클래스에 타지 않을까봐 우려하는 사람들도 있을 것이다. 하지만 결과는 오히려 정반대이다. 고객은 회사가 제공하는 최고급 서비스를 한번 맛보고 나면 다음에도 그 서비스를 받기 위해 기꺼이 돈을 지불할 가능성이 높다. 회사가 말뿐만이 아니라 행동을 통해 고객을 배려한다는 것을 입증했기 때문이다. 고객들이 그 뒤로 자주 이용함으로써 서비스에 보답하리라는 것은 믿어도 좋다.

고객을 기쁘게 하는 서비스란 무엇일까? 바로 예상치 못한 서비스이고 예외적인 서비스이다. 또한 그럴 필요까지는 없는 서비스이다. 이런 서비스야말로 고객이 회사로부터 관심을 받고 있다는 것을 느끼게 해준다. 다시 말하지만 이런 서비스는 고객에 대해 매일 생각하고 연구하는 노력 위에서만 가능하다. 하지만 동시에 그 동안 들인 노력이 결실을 맺는 결정적인 서비스이기도 하다. 이것은 빵을 보기 좋게 부풀리는 효모와도 같다.

한번은 출장에서 돌아온 나는 가족들과 후레시초이스에서 저녁을 먹기로 했다. 긴 비행 끝이라 몸은 말할 수 없이 피곤한 상태였다. 후레시초이스는 예쁘고 맛있는 샐러드와 각종 수프, 몇 가지 특이한 파스타류, 갓 구운 빵, 그리고 디저트를 먹을 수 있는 레스토랑이었다. 하루 종일 비행기 음식에 시달렸던 나는 뜨거운 수프를 좀 먹고 싶은 마음뿐이었다. 내가 샐러드 바에 서 있는 직원에게 수프를 먹고 싶다고 말했더니 그녀의 밝은 얼굴이 금세 어두워졌다. "정말 죄송해요"라고 말하는 직원의 표정 속에는 미안한 마음이 역력했다.

"단품으로는 어떤 메뉴도 팔지 않거든요."

나는 평소에 남의 접시에 있는 음식은 잘 먹지 않는데 그날만은 가족들의 식사에 올라온 수프를 같이 먹었다. 스프를 원하는 고객에게 남아 있는 스프를 서비스할 줄 모르는 레스토랑 측에 살짝 답답한 마음이 들었다. 그렇게 언짢은 기분으로 식사를 하고 있는데, 그 직원이 다가와서 말했다.

"귀하께서 오늘 저희의 특별 손님이십니다. 레스토랑에 있는 모든 수프를 드셔도 좋습니다."

> 고객을 기쁘게 하는 서비스: 예상치 못한 서비스, 예외적인 서비스, 그럴 필요까지는 없는 서비스이다. 이런 서비스야말로 고객이 회사로부터 관심을 받고 있다는 것을 느끼게 해준다.

나는 그들의 배려에 감동했고 계산대에 와서 훌륭한 서비스를 받았다고 말했다. 계산대에 있는 직원도 얼굴에 웃음이 가득했다.

"계산은 안하셔도 됩니다. 여러분이 오늘 저녁 저희의 특별 손님이시니까요."

우리는 수프만 서비스로 받겠다고 말했다. 하지만 지배인은 정말로 우리가 그날의 특별 손님이라는 것이었다. 그녀의 다음 말이 기억에 남는다.

"이게 후레시초이스가 존재하는 이유거든요. 고객을 기쁘게 하기 위해서는 무엇이든 할 수 있습니다. 오늘 저희는 여러분을 특별 손님으로 모시고 싶습니다."

우리는 그 뒤로도 그 레스토랑에 자주 들르며 기회가 있을 때마다 이 일화에 대해 이야기했다. 이 이야기의 핵심을 생각해 보자. 이 레스토랑은 출발부터 평균 점수는 되었다. 내 요구에 대한 최초 반응은 실망적이었지만, 최소한 무례하지는 않았다. 문제에 대한 신축적인 대응은 나를 매우 기쁘게 했다. 신축적이다 못해 과잉 대응을 베푼 것은 전혀 기대하지도 않았던 서비스였다. 바로 예상치 못한 서비스이고, 예외적인 서비스이며, 그럴 필요까지는 없는 서비스였던 것이다. 이것이야말로 전설적인 서비스이다. 고객에 의해 회자되며 표준으로 자리잡는 서비스이기 때문이다.

## 훌륭한 회사가 고객과의 관계도 훌륭하게 구축해 나간다

위의 내용들을 종합해 보면 회사와 고객은 거래라는 기본적인 관계를 넘어 암묵적인 계약 관계까지 맺을 수 있다는 결론이 된다. 스티븐 코비는 훌륭한 회사들이 고객에게 주는 신뢰를 재미있는 은유로 풀어낸다. 그는 고객들의 호의를 소중한 은행 계좌처럼 다루어야 한다고 말한다. 당신의 목표는 그 계좌에 항상 예금하고, 인출하면 반드시 그보다 많이 예금하며, 가끔씩 예상치도 못한 배당금을 붙여 주는 것이다. 평생 단골 고객으로 모시기 위해서 고객의 호의를 소중하게 다루는 방법은 아주 좋은 접근 방법이다.

미국에서 경영의 한 흐름을 이루어 낸 기업은 엘엘빈(L.L. Bean Co. Inc.)

사이다. 원래는 무명의 도시였던 메인 주의 프리타운에서 시작한 이 회사는 카탈로그 판매로 미국인들의 마음을 사로잡았고, 미국 전체의 소비 형태를 바꿔 놓기까지 했다. 카탈로그 판매는 사람이 개입할 여지가 작은 판매 방법임에도 불구하고 엘엘빈 사의 고객들은 회사를 아주 친근하게 느낀다. 도대체 어떻게 한 것일까? 그것은 엘엘빈 사의 경영이 고객의 요구에 대한 부응에 입각해서 이루어지고 있기 때문이다. 주문을 공손하고 효율적으로 접수하고, 24시간 업무를 실시하며, 제품 불만족 시 100% 환불까지 해주는 등 '소비자 중심'의 경영을 하고 있는 회사가 엘엘빈 사이다.

이런 식으로 장사를 하면 돈이 더 들까? 절대 비용을 생각한다면 아마도 그럴 것이다. 하지만 그것이 낳을 이익을 고려하면 그렇지도 않다. 직원을 교육시키고 사은품을 증정하고, 효율성을 제고하며, 제품 보장제를 실시하는 것 모두 돈이 드는 것이 사실이

> 고객들의 호의를 소중한 은행 계좌처럼 다루어야 한다. 당신의 목표는 그 계좌에 항상 예금하고, 인출하면 반드시 그보다 많이 예금하며, 가끔씩 예상치도 못한 배당금을 붙여 주는 것이다.

다. 그러나 고객이 관심 없어하는 서비스에서 비롯된 비효율성으로 낭비되는 돈도 만만치 않다. 그보다 더 나쁜 경우는 고객이 회사와 거래할 기회조차 주지 않는 것이다.

어떤 경우에도 가장 비싼 지출은 고객을 잃는 것이다.

고객의 요구에 부응하는 서비스는 그로부터 비롯되는 이익을 생각하면 회사에게 절대 손해가 되지 않는다. 회사와 고객의 기본적인 관계를 지키지 못했다면 다른 모든 노력은 무의미해진다. 이것은 노드스트롬 상점에 몇 년 동안 붙어 있던 간단한 표어에 함축되어 있다.

회사는 고객 서비스로 승부한다.

이것은 공장이든 학교든 병원이든, 어느 곳에서나 적용될 수 있다.

## 내용 정리

- 고객이 관심 갖지 않는 서비스는 서비스가 아니다.
- 전설적인 서비스란 고객이 원하는 것을 파악하여 계속적으로 고객만족을 위한 서비스의 질을 높여 가는 것이다.
- 고객에게 서비스를 하기 위해서는 고객의 가치관을 이해하고 그들의 기대에 부응하기 위한 독창적인 접근 방법을 고안해야 한다.
- 회사와 고객이 만나는 모든 순간이 바로 진실의 순간으로, 고객이 매 순간마다 회사에 대해 평가하고 다음에 다시 찾아올지 결정한다.
- 당신이 시간을 가장 생산적으로 보내는 방법은 적극적이고 기민하게 고객과 연관된 일을 하는 것이다.
- 고객의 기대치에 부합하는 회사는 연명할 수 있다. 기대치를 초과해야 전설이 된다.

- 예상치 못한, 예외적인, 그럴 필요까지는 없는 서비스야말로 전설적인 서비스의 요건이다.
- 회사는 고객 서비스로 승부한다.

---

### 행동 지침

- 고객을 기쁘게 하는 서비스: 예상치 못한 서비스, 예외적인 서비스, 그럴 필요까지는 없는 서비스이다. 이런 서비스야말로 고객이 회사로부터 관심을 받고 있다는 것을 느끼게 해준다. 당신의 경영철학을 모두 재점검하라. 고객의 욕구에 반하는 경영을 하고 있지는 않은지 분석하라. 매우 중요한 일이므로 당장 시작하는 것이 좋다.
  - 지속적인 피드백을 받을 수 있도록 기업 조직을 정비한다.
  - 정보 수집에 일선 직원을 활용한다.
  - 고객이 자유롭게 대답할 수 있는 질문을 한다. 고객의 대답을 진지하고 고맙게 받아들인다.
  - 고객에게서 배운 것을 전략으로 진화시킨다.
  - 모든 제안과 비판에 대해 개별적인 대답을 해준다.
- 작은 약속을 하고 그 이상의 약속을 이행한다.
- 고객으로부터 가장 가까운 일선에게 의사결정을 위임한다.
- 고객의 입장에서 비즈니스를 분석한다. 직접 제품과 서비스를 이용해 보고 현장을 방문한다.
- 진보를 위해 끝없이 노력한다. 고객의 기대치는 최고의 서비스를 경험할수록 올라가므로 최고치를 계속 경신해 나간다.

# 고객에 대한 약속:

고객을 섬기는
사람이 되어야 한다.

## Commitment:
### To Serve Those Who Serve the Customer

▶▶▶ 경영자의 역할을 안다.

▶▶▶ 직원들의 요구에 부응한다.

▶▶▶ 직원들과 임무, 가치, 목표를 공유한다.

▶▶▶ 일에 의미를 부여한다.

▶▶▶ 최고의 성과를 낼 수 있도록 자유를 주고
지원을 아끼지 않는다.

# 고객
# 서비스는
# 모두의 업무

노예 같은 노동을 기쁜 서비스로 바꿔 주는 것은
서비스에 필요한 기술, 고객의 필요와 욕구, 서비스를 주는 사람과
받는 사람의 관계, 그리고 종교적, 도덕적, 사회적 인정이다.
－러셀 L. 액코프

## ⚇ 문제 제기

사람을 상대하는 어느 조직에서든 크게 두 가지의 직무가 존재한다. 고객에게 직접 봉사하는 직원과 그 직원을 지원하는 직원이다. 여기서 전설적인 서비스를 위한 두 가지 핵심적인 원칙을 추출해낼 수 있다. 즉 회사의 모든 직원은 직·간접적으로 외부의 고객을 위해 일하며 고객을 만족시키지 못하면 봉급을 받을 자격이 없다는 것이다. 결국 조직의 모든 구성원은 누군가 다른 사람에게 봉사한다. 누구도 더 중요하거나 덜 중요하다고 할 수 없다. 모든 사람이 서비스와 연관되어 있으며 어떤 직무도 소홀히 할 수 없다. 그런 면에서 서비스는 고객에게 초점이 맞추어져 있는 하나의 연속업무다.

# ✝ 두 직군 소개

요즘은 인적자원과 자원의 효율을 최대화시키기 위한 구조조정을 많이 강조하는 추세다. 전설적인 서비스를 실현하는 조직에서는 크게 두 가지 종류의 직원만이 존재한다.

1. 고객을 직접 상대하는 일선 직원
2. 일선을 지원하는 다른 모든 직원

성공적인 회사에서는 말단 사원부터 최고 경영진에 이르기까지 혹은 그 반대 방향으로도 고객 서비스를 위한 업무가 하나로 연결된다. 어떤 일도 더 중요하거나 덜 중요하다고 할 수 없다. 이 문구는 현실을 잘 보여준다.

귀사에서 가장 적은 보수를 받고 가장 경력이 짧은 말단 사원이 당신보다 고객을 더 자주 접한다.

당신의 사원을 전설적인 서비스로 이끌기 위해서는 합당한 사람들을 고용해 의미 있는 업무를 제공하고 끊임없는 지원 보충을 해야 한다. 그리고 마지막에는 그들의 길을 열어 주는 것이 당신의 임무다.

디즈니랜드를 예로 들어보자. 마이클 아이즈너와 프랭크 웰즈는 1990년대 들어 디즈니를 완벽하게 이끌어 온 인물들이지만, 디즈니랜드에 놀러온 사람들 중 대부분은 이들 유명한 경영진에 대해 들어 본 적도 없을 것이다. 오히려 방문객들은 환하게 웃으며 길을 가르쳐 주는 청소부나, 티켓을 받으면서 이곳에 온 것을 환영한다고 말해 주는 노인에게서 감명을 받는다.

어느 날 나는 가게를 나서는 고객들에게 인사를 하면서 경영진으로서 내가 고객들에게 어느 정도의 위치를 차지하는지 알게 되었다. 그 날은 대형 세일 행사 첫 날로 매상 신기록을 경신한 성공적인 날이었다. 나는 그날 다른 직원들과 마찬가지로 녹색 폴로셔츠에 흰 바지, 편한 운동화를 착용하고 있었다.

폐장 방송이 나간 지 한참이 지나서야 마지막 손님들이 두툼한 쇼핑백을 들고 문을 나섰다. 나는 신이 나서 "원하시는 물건이 없어 죄송합니다" 하며 농담을 건넸다. 그런데 그 손님은 문을 나서며 같이 온 사람에게 이렇게 말하는 것이 아닌가.

"어쩜, 여긴 문 열어 주는 사람도 저렇게 즐거워하네. 정말 멋진 곳이야."

고객에게는 유쾌한 문지기가 유쾌한 경영자보다 훨씬 인상 깊었던 것이다. 문지기와 청소부와 배달부만큼 명백하게 서비스의 지표가 되는 이들도 없을 것이다.

## ✢ 직원들을 이끄는 방법

오늘날 우리의 임무나 사훈을 통해 고객만족을 내걸지 않는 회사는 없다. 전설적인 서비스를 실현하는 회사는 모든 직원이 책임감을 가지고 서비스하기 때문에 돋보이는 것이다.

여기서 고객을 직접 상대하는 직원들이 책임감을 느끼는 것은 어떻게 보면 당연한 일이라고 생각할 수 있다. 그러나 고객을 직접 상대하지 않는 직원들은 어떻게 고객들에게 서비스할까? 이들은 일선에 있는 직원들을 뒷받침함으로써 고객들에게 간접적으로 서비스를 한다.

생산과정 전체로 보았을 때 고객에게 서비스하는 것은 소매업자이다. 도매업자가 소매업자에게 서비스하고 배급업자가 도매업자에게 서비스하며, 제조업자가 배급업자에게 서비스한다. 제조업자에게 서비스하는 것은 원료업자이다.

회사 안에서 보면 세일즈팀이 고객들에게 서비스하고, 세일즈 지원 부서와 세일즈 운영 부서가 세일즈팀에게 서비스한다. 분배, 광고, 운영팀이 이들 지원 부서에 속한다. 경영진은 이 시스템이 잘 돌아가도록 유지하고 보수하는 일을 한다.

위기는 이런 조직의 양끝에서 붕괴가 시작될 때 찾아온다. 예컨대 조직의 말단 사원이 자신의 행동이 전체에 어떤 영향을 미칠지 생각하지 않고 결근을 하거나 업무를 성의 없이 처리하여 그 동안의 노력을 물거품으로 만들어버릴 때가 있다. 아니면 최고 경영자가 이사진 회의와 주식 분석, 그 외 경영진 급의 각종 직무를 수행하느라 실무 부서에서 얼굴 보기가 힘들어지면서 고객과의 거리가 점점 멀어질 때가 있다.

서비스란 조직 전체에 흐르는 하나의 과정이다. 그러므로 직원 채용에서 권한 부여에 이르는 모든 일을 고객 서비스와 연관시켜 결정해야 한다.

## 서비스는 모두의 일이라고 확신시킨다

한 가지 의아한 점은 모든 직원들이 훌륭하게 능력을 발휘하는 회사가 너무 적다는 것이다. 이에 대한 책임은 경영진에게 있다. 직원들이 성공적으로 업무를 수행할 수 있는 여건을 조성해 준다면 그들은 어떠한 비전도 기대 이상으로 달성해낼 수 있다. 그러기 위해서는 비전과 관심이 있어야 하며, 커뮤니케이션과 신뢰가 필수적이다.

## 제대로 된 사람을 채용한다

수 년 동안 나는 어떻게 하면 훌륭한 인재들을 채용할 수 있고, 또 어떻게 하면 직원들을 잘 교육시킬지에 대해 숱한 질문을 받아왔다. 이에 대한 솔직한 내 대답은 "집안 교육 잘 받은 심성 고운 사람들을 채용하세요"이다.

사람을 잘못 고용하면 당신의 비전은 매번 멍이 들 것이다. 처음부터 소위 못된 사람에게 고객을 혹은 동료를 배려하라는 것은 그 자체가 무리다. 심성은 훈련되거나 고무되기 어려운 부분이기 때문에 처음부터 바른 정서를 지니고 있는 사람을 뽑아야 한다. 폴 딕슨이라는 사람이 이런 말을 했다.

돼지에게 노래를 가르치려 하지 마라.
그것은 시간 낭비일 뿐만 아니라 돼지에게도 고역이다.

심성이 못된 사람에게 서비스를 바라는 것은 돼
지를 디바로 만들려는 것과 다르지 않다. 좀 더 익숙
한 비유를 사용하자면 암퇘지의 귀로 비단 지갑을
만들려는 것이다. 귀사에 서비스를 원한다면 서비
스에 어울리는 좋은 태도를 가진 이들을 채용해야
한다. 어떤 사람이 아무리 뛰어난 능력을 가졌다 하
더라도 내·외부 고객에게 서비스할 마음이 없다면 당신의 노력을
물거품으로 만들 것이다. 살아 있는 서비스를 위해서는 명확한 원
칙을 세워 그것을 지켜야 한다.

당신이 채용과 교육 과정에 관여하지 않는다고 하더라도 모든 직
원들이 당신의 경영철학을 이해하고
실천하기 위해서는 이 분야에서 강
한 리더십이 반드시 필요하다. 반복
하지만 당신의 일은 고객에게 봉사
하는 사람들에게 봉사하는 것이다.
회사가 잠재력 있는 인재를 채용하
여 성공적인 결과를 낳으려면 채용
과정에서 어떻게 해야 할지 생각해
보자.

> 1901년 스웨덴으로부터 이주한
> 한 성실한 일꾼인 John W.
> Nordstrom은 클론다이크의 골
> 드러시(금광으로의 대이동) 때 벌
> 어들였던 약간의 목돈으로 시애
> 틀에 가게를 하나 열었다. 오늘
> 날 그의 자손들은 지속적으로 성
> 장하고 있는 10개 주의 식견 있
> 는 경영자들이다.

## 각각의 직무를 잘 명시해라

직원을 제대로 뽑기 위해서는 그 사람이 수행할 직무가 명확히 정의될 필요가 있다. 해당 직무에서 성공한 사람들이 공통적으로 가지고 있는 특징은 무엇인가? 그런 특징을 가진 사람들을 뽑기 위해 체계적인 노력을 기울이고 있는가? 아주 기본적인 내용처럼 보이지만 의외로 잘 지켜지지 않는 것이 현실이다.

광고들을 보면 이런 현실이 여실히 드러난다. 대부분의 채용 광고는 직무와 관계없이 대졸 학력과 관련 경력을 조건으로 내걸고 있다. 또 능동적이고 책임감 있고 융통성 있는 사람을 선호한다고 밝힌다. 이런 조건들이 잘못되었다는 것은 아니지만 이것들이 과연 해당 업무와 얼마나 관련이 있는지, 또 이런 조건들이 고객만족을 달성할 열정적이고 근성 있는 직원을 뽑는 데 얼마나 도움이 되는지 생각해 볼 필요가 있다.

새로운 지점을 열었을 때 노드스트롬이 낸 광고 문구를 생각해 보자. 오래 전에 스포케인의 세일즈맨이 상점 창문에 '세일즈 직원 채용'이라는 포스터를 붙인 적이 있었는데, 그 내용이 하도 좋아서 우리는 캘리포니아 1호점 시절부터 몇 년 동안 그 광고를 살짝 수정해서 사용해 왔다. 문구들은 대략 다음과 같았던 것으로 기억한다.

〈인재 채용〉

우리는 이런 사람을 찾습니다.

함께 새로운 도전에 참여할 사람

세일즈를 하거나 세일즈를 지원할 사람

이끌 사람과 따라갈 사람

열심히 일하고 거기에 자부심을 느낄 사람

스스로를 존중하며 다른 사람들을 즐겁게 할 사람

정직하고 성실하고 배려할 줄 아는 헌신적인 사람

자신도 성공하고 싶고, 남들도 성공하기를 바라는 사람

비전을 갖고 있으며, 그 비전대로 살고 싶은 사람

귀사의 인력을 구성하는 데 있어 중요한 것은 그저 몇 가지 증명 서류가 아니라, 그 일을 제대로 하기 위해 필요한 자질들이다.

일을 하는데 있어서 학력이 반드시 필요한 것이 아니라면 과감히 자격 조건에서 빼야 한다. 또한 일을 하는데 있어서 경력이 반드시 도움이 되지 않거나 오히려 나쁜 습관이 들었을 가능성이 있다면 역시 조건으로 두지 말아야 한다. 한편, 필요한 조건을 붙이는 것은 쓸데없는 조건을 붙이지 말아야 하는 것만큼이나 중요하다. 예를 들어 노드스트롬의 인재 채용 광고는 '부지런하고 헌신적이고 사람을 좋아하며 정직하고 배려심 많은 사람"이라는 구체적인 조건들을 솔직하게 포함시키고 있다.

*직원들이 서로 어울려 일해야 한다*

광고에 썼던 자격 조건들을 면접 과정에서도 평가 기준으로 삼아라. 관련 업무와 직결되는 자질이 무엇인지 찾아내도록 직원들을 독려해라. 어느 회사에서나 팀워크는 필수적이다. 모든 직원들은 고객과 직장 동료와 무난하게 어울릴 수 있어야 한다. 그러므로 면접자들에게 반사적인 감정표출에 신경쓸 것을 당부해라.

### 직원들이 고객과 어울려야 한다

모든 직원들에게 고객 서비스에 대한 중요성을 키워 주려면 신입 사원 시절에는 고객을 직접 대면하는 일부터 시키는 것이 좋다. 고객 서비스에 대한 성과를 인사고과에 반영하면 더욱 효과적이다. 이런 접근 방법은 고객 서비스를 두 가지 측면에서 도와준다.

- 회사가 고객 서비스를 얼만큼 중요시 생각하는지를 직원들에게 알려 줄 수 있다.
- 직원들이 진급한 뒤에도 일선의 후배 직원들과 동질감을 잃지 않게 된다.

월마트는 모든 직원들에게 고객을 직접 상대해 보도록 한다. 업무량 많기로 유명한 구매부 직원이라도 "내가 한 요리, 직접 먹어보자"라는 프로그램의 일환으로 일정 기간 매장에 나가서 고객을 상대해야 한다. 이 기간에 그들은 자신이 직접 선택한 품목을 고객에게 직접 판매하기도 한다. 게다가 임시로 부서장이 되어 특정 매장에 납품하기 위해 구매한 모든 물건을 처리하고 전시해 보기도 한다.

사우스웨스트 항공사에서는 상급 경영진이 직접 일선에 나와 고객을 직접 상대하기 때문에 고객들은 그들 중 누구에게 서비스를 받게 되는지 아무도 모른다. 특별히 유쾌하고 친근한 승무원이 보인다면 아마도 대표 이사인 어브 켈레허일 것이라는 이야기가 있을 정도다.

### 사우스웨스트 항공사의 사명

사우스웨스트 항공사의 사명은 따스함과 친근함과 자부심과 애사심을 가지고

고객에게 최고의 서비스를 선사하는 것이다.

### 직원 여러분께

저희 경영진은 직원 여러분께 자기 계발과 교육을 위한 기회를 공평하게

분배하여 안정적인 업무 여건을 제공하고자 노력하고 있다.

사우스웨스트 항공사가 발전하기 위해서는 창의력과 혁신이 필요하다.

여러분이 사우스웨스트의 고객에게 최상의 서비스를 해야 하는 것과 마찬가지로

회사 내에서도 동일한 관심과 존중과 배려를 받을 것이다.

## 의미 있는 일거리를 준다

일단 직원을 채용하면 그 사람이 무엇을 하길 바라는지 생각해 봐야 한다. 서비스로 독보적인 위치를 점하고 있는 기업이라고 해도 양심적이고 믿을 수 있는 인재들을 싹쓸이해가는 것은 아니다. 그럼에도 불구하고 이들 회사들은 서비스에 대한 재능을 최대한 발휘할 수 있는 분위기를 만들어낸다. 기본적으로 모든 회사가 서비스에 초점을 맞추어 채용하고 유지한다. 인사고과를 실행하는 상황 하에서는 서비스가 꽃필 수 있는 분위기를 얼마나 잘 조성하느냐가 관건이 된다.

> 다른 사람에게 무엇을 시키기 전에 당신은 그들이 스스로에게 중요성을 느끼도록 도와야 한다.

서비스마스터 사의 서비스는 오랫동안 선망과 모방의 대상이 되어 왔다. 이 회사는 모든 사람들이 최고의 서비스를 하도록 고취시키는 사훈을 가지고 있다.

"무언가를 해달라고 물어보기 전에 그들이 무언가가 되도록 도와주어라."

학력이 높고 경력이 많고, 더 많은 보수를 받고, 더 많은 책임을 진 사람만 의미 있는 삶을 살고 싶어하는 것은 아니다. 당신이 모든 직원들의 인격을 존중하고 무언가 잘해 보고 싶다는 의욕을 고취시킨다면, 그들은 회사를 혁신적으로 발전시킬 것이다. 사람들은 대부분 당신이 생각하는 것보다 뛰어난 능력을 가지고 있다. 다음은 똑같은 일을 하는 세 사람의 각기 다른 직업관에 대한 유명한 일화이다.

"무엇을 하고 있소?"

그가 첫 번째 사람에게 물었다. 사내가 대답했다.

"나는 돌을 자르는 일을 한다오. 정말 끔찍한 일이오."

같은 질문에 두 번째 남자는 이렇게 대답했다.

"나는 가족을 부양하고 있소. 일이 즐거운 것은 아니지만 덕분에 입에 풀칠은 하고 있소."

세 번째 남자는 질문을 받자 표정이 환해졌다.

"나는 주님의 영광을 빛내고 인간의 선함을 기념하는 영원한 기념물인 대성당을 짓고 있소. 나에게는 일 자체가 행복이고 그 대가는 측량할 수조차 없다오."

---

### 우리의 일견(시각)

사람들이 다른 이에게 봉사하고 원조하듯 신이 사람의 생명을 관할함에 있어

끊임없이 발전적이고 활력있는 시장 수단이 되기 위해서

## *Service*MASTER®

---

## 참여할 수 있는 기회를 제공한다

일이라는 것이 보통 돌을 자르는 것만큼 고되지는 않더라도 어느 정도는 조금씩 지루한 것이 사실이다. 하지만 일에서 의미를 찾아

야 변화가 일어난다.

노드스트롬의 1990년 연말 레포트에서 세일즈 담당 직원 앤 한센이 자신의 직무에 대해 말한 대목이다. "세일즈는 단순히 어디선가 습득한 기술이 아닙니다. 이것은 신이 나에게 준 선물이고, 나의 재능이며, 내가 가장 잘할 수 있는 일입니다."

일에 애착을 갖고 있는 사람으로부터 서비스를 받는 것만큼 특별한 일은 없다. 그것은 그들이 고객에게 서비스하는 일에 대해 의미를 가지고 있기 때문이다. 우리는 아주 중대한 일을 하는 사람들만 이런 태도를 갖고 있다고 생각하기 쉽다. 하지만 간단한 것에서 복잡한 것까지 우리의 요구에 부응하기 위해 노력하는 사람들을 볼 때 기쁨과 겸허함을 느낀다. 서비스를 하는 사람들이 스스로 하는 일을 가치 있다고 생각할 때 그 서비스는 전설이 된다.

회사의 일상 업무를 의미 있는 것으로 승화시키려면 회사의 토대가 되는 이들이 참여할 수 있어야 한다. 맥스 드 프리는 서비스에 관한 한 누가 보아도 전설적이라고 인정하는 가구 회사 허만 밀러의 회장이었다. 드 프리 회장은 우수한 회사의 기본적인 특징을 다음과 같이 분석했다.

현대의 기업들은 전장이 아닌 커뮤니티가 되어야 한다. 경영진과 직원들은 아이디어와 현안과 가치와 목표에 대하여 공감대를 형성해야 한다. 그러므로 서로에 대한 사랑과 개인적인 교감이 큰 몫을 한다. [1]

## 비전을 현실로 만드는 과정에 모두를 동참시킨다

어떻게 하면 가치와 목표와 경영 과정에 대한 공감대를 수월히 형성할 수 있을까? 공감대 형성을 위해서는 모든 직원들이 회사가 다음 네 질문에 대답하는 과정에 참여해야 한다.

- 우리 회사는 왜 존재하는가?
- 우리는 무엇을 믿어야 하는가?
- 우리는 어디로 가야 하는가?
- 그곳에 가려면 어떻게 해야 하는가?

### 사명 : 우리 회사는 왜 존재하는가?

어떤 노력을 하고 있을 때 자문하게 되는 기본적인 질문이 "왜 우리가 이 일을 하고 있는가?" 이다. 흥미롭게도 당신은 이미 대답을 알고 있다. 십중팔구 당신은 그 대답을 25단어 이내로 머리 속에 새겨 넣어 영구보존시켜 놓았을 것이다. 그러나 머리 속에 새겨 놓는다고 해서 반드시 사명이 되는 것은 아니다. 그것은 "우리 회사는 왜 존재하는가?"에 대해서 함께 고민을 해야 얻을 수 있는 것이다. 다른 사람들이 당신의 성공을 기꺼이 거들게 하기 위해서는 그들과 가치를 공유하여 내면화해야 한다. 이 질문에 대한 대답은 명확하고 솔직해야 하며 계속 변해야 한다.

> 성공하기 위해서는 당신의 비즈니스에 열중해야 하고 당신의 비즈니스는 당신의 전부여야 한다.
> -Thomas Watson, Sr.

명확한 사명이 생기면 회사 운영에도 커다란 영향을 미친다. 서비스가 매출을 낳는다는 사실을 잊지 말아야 한다.

"우리 회사는 왜 존재하는가?"라는 질문에 "개당 Y만큼 이윤을 남기면서 X개만큼 팔기 위해서"라고 대답하는 대신 "고객의 요구에 부응하기 위해서"라고 대답한다면 전혀 다른 방법의 경영을 할 수 있을 것이다.

사명에는 열정이 있어야 한다. '선교사의 열정' 같은 사명감이 가지는 힘을 생각해 보면 수긍이 갈 것이다. 훌륭한 리더십이 있다면 모든 직원이 이런 열정을 가질 수 있다.


## 가치관 : 우리가 무엇을 믿어야 하는가?

두 번째 질문은 "우리가 무엇을 믿어야 하는가?"이다. 우리의 성공을 가늠하는 기준은 어디서 오는가? 좋은 때나 요즘 같은 때 사람들은 무엇을 믿는가(좋은 시절은 과거에만 존재하니까)?

이것은 뻔한 질문이 아니다. 공유된 가치는 의사결정과 행동방침에 영향을 준다. 그렇기 때문에 가치에 대해 계속 말하고 실천으로 옮겨야 열정적인 기업문화를 만들 수 있다. 그렇지 않으면 열심히 하는 사람이 냉소의 대상이 되고 만다.

맥도날드의 창립자였던 고 레이 크록은 처음부터 회사가 추구하는 네 개의 가치를 명확하게 내세웠다. 그것은 품질, 서비스, 깔끔함 그리고 가치였다. 그는 이런 가치를 시스템의 구석구석에서 구현했다.

지금 맥도날드를 가보면 놀라운 일이 일어나고 있다. 세계 어디를 가나 그를 알지도 못하고 이름조차 모르는 사람들에 의해 그 가치가 실현되고 있는 것이다. 불멸하는 것이 있다면, 사람들이 열정적으로 습득하고 공유하는 이런 가치가 아닐까?

기업 가치에 대해 공개적으로 토론한다면 당신의 가치를 구현하는 데 기꺼이 참여할 지지자들을 얻을 수 있을 것이다. 그리고 당신의 가치를 공유하는 사람들은 회사가 번영하는데 큰 힘이 될 것이다.

### 비전 : 우리는 어디로 가야 하는가?

멀지 않은 미래에 당신은 무엇을 하고 있을까? 미래를 설계하는 것이 반드시 다음에 일어날 일에 대한 대비를 해주는 것은 아니지만, 현재 하고 있는 일에 확실하게 힘을 실어 줄 수 있다.

노틀담 사의 전설적인 회장 테오도르 헤스버러는 이런 말을 남겼다.

"리더십의 기본은 비전이 있어야 한다. 어떤 상황에서도 명확하고 강력하게 관철시킬 수 있는 비전이어야 한다. 확실하지도 않으면서 큰 소리를 칠 수는 없기 때문이다."[2]

직원들은 "우리가 어디로 가고 있는 겁니까?" 하는 질문을 두 눈에 담고 당신에게서 리더십을 구한다. 동시에 그들은 고객을·대면하면서 얻는 귀중한 경험으로 당신의 대답을 진화시킬 수 있다. 강한 조직을 만들기 위해서는 모두가 비전을 공유하도록 장려하고, 그 비전을 다듬는 과정에 참여시켜야 한다.

새로운 가능성에 대한 사고를 고취시킨다면,
회사의 역량뿐 아니라 개개인의 의욕도 높일 수 있다.

나폴레옹은 "리더란 희망을 취급하는 딜러다"라고 말했다. 샘 월튼은 그의 회사가 전대미문의 엄청난 성장을 기록한 것을 회고하며 이런 말을 남겼다.

"나도 이런 회사를 만들게 되리라고는 예상하지 못했다. 하지만 우리가 잘해서 고객을 만족시킨다면 우리에게 한계란 없을 것이라고 확신했다."[3]

*전략적 목표 : 그곳에 가려면 어떻게 해야 하는가?*

당신이 지향하는 방향과 그 이유에 대해 지속적으로 재평가한다면 전략적인 안목을 가지고 목표를 설정할 수 있다. 막연히 미래를 점쳐보는 것은 전략에 아무런 도움이 되지 않는다. 피터 드러커는 특유의 날카로운 관찰력으로 우리에게 이렇게 일깨워 준다.

"전략 기획은 우리가 미래를 내다볼 수 없기 때문에 필요한 것이다. 전략 기획은 미래의 의사결정에 대한 것이 아니라, 그것은 현재 결정되어야 할 사안에 미래지향성을 불어넣어 주는 것이다."[4]

다시 말하면 우리는 현재를 위해 모든 자원을 결집시켜야 미래를

담보할 수 있다는 것이다. 회사의 직
원들도 가용한 자원이 무엇이며, 그
자원을 어떻게 활용해야 최상의 결
과를 얻을 수 있는지 알고 있다. 그들
이 비전을 생성하는데 참여한다면
당신의 비전을 함께 실현하는 귀한

보통은 고사하고 보통 이상이 되
어도 최고로 만들고자 하는 약속
이 있을 때 겨우 받아들여진다.
고객과 상대할 때 당신은 그저 당
신의 이전 대면과 매한가지일 뿐
이다.

동반자가 될 수 있다. 자신의 비전을 주위에 알리고 공감대를 형성
하는 것은 리더로서 마땅히 해야 할 일이다. 비전을 공유하는 것은
일회성에 그쳐서는 안 되며 타성에 젖어서도 안 된다. 비전을 함께
만들어가는 과정은 항상 활기차고 흥미로워야 하며 모두가 참여해
야 한다.

## 비전에서 목표를 향해

*높은 기준을 유지하라*

성공적인 회사의 리더는 구성원 모두에게 왜 회사가 존재하는지
납득시키며, 회사의 비전을 만드는 과정에 모두를 참여시킨다. 따
라서 모두가 서비스에 대한 책임감을 가지게 되고 높은 기준을 가
지게 된다. 직원들에게 최선을 요구하는 것에 대해 미안해할 필요
는 없다.

기준은 절대적이어야 한다. 어느 정도 개인적인 편차는 불가피하
지만, 고객과 직원이 서비스의 질에 대해 최소한의 공감대를 가지

고 있어야 한다. "그 정도면 됐어"로는 절대 최고가 될 수 없다. 항상 기대 이상이 되어야 한다.

회사에 대한 이미지는 절대적으로 마지막 경험이 결정한다. 몇 년 동안 단골이었던 고객도 딱 한 번의 실수로 발길을 끊곤 한다. 불공평해 보일지도 모르겠지만 비즈니스에서는 이것이 현실이다. 고객과 만날 때마다 매번 재신임을 받아야 하는 것이다. 회사의 모든 직원이 고객 서비스에 참여하기 때문에 한 사람이라도 게으름을 피운다면 훌륭한 서비스를 제공할 수 없다. 게으름을 용인한다면 서비스의 질은 필연적으로 저하될 수밖에 없다.

전설적인 회사들이 고객의 충성심을 쟁취하는 것은 바로 이 높은 기준 때문이다. 고객들은 누구나 최상의 서비스를 받기를 원한다. 직원 모두가 높은 서비스의 기준을 갖고 있다면 수준 낮은 서비스로 인해 창피를 당하는 사람도 없을 것이다. 좋은 서비스라는 높은 기준을 공유하면 그들은 높은 기준에 도달하기 위해 노력한다. 고객은 그 과정에서 좋은 서비스를 받을 수 있게 된다.

### 번영하기 위한 환경

당신은 운명을 함께 할 사람들을 원한다. 그들이 능력을 최대로 발휘하도록 분발시키고 싶으면서도 한편으로는 당신의 성장에 있어서 그들의 도움을 받고 싶기도 한 것이다. 또한 당신처럼 그들도 고객에게 헌신적으로 봉사하기를 바라고 있을 것이다. 그러기 위해서는 말이 아닌 행동으로 그들에게 무언가를 보여 주어야 한다.

훌륭한 서비스를 실현하는 회사의 직원들은 다른 회사의 열띤 스카우트 유혹을 받는다. 하지만 아무리 좋은 조건을 제시한다 해도 스카우트하기 힘든 사람들이 바로 이런 사람들이다. 그것은 이들이 승자와 일하고 있다는 데서 오는 도전과 자부심에 의해 보이지 않는 자극을 받고 있기 때문이다.

한번은 누군가가 브루스 노드스트롬에게 다른 회사들이 앞다투어 나를 스카우트 하려 한다는 사실을 말했다. 평소 같으면 그냥 잡담을 했을 법한 식사 자리에서, 그는 나에게 어떤 것이 나의 결심을 뒤흔들게 했느냐고 물었다. 나는 조금도 망설이지 않고 마음속으로부터 이렇게 대답했다. 내가 기여할 수 있는 부분이 있는 한 노드스트롬을 떠나지 않겠다고. 만약 내가 더 이상 노드스트롬을 위해 할 수 있는 일이 없다면 그 사실을 남들보다 내가 먼저 깨닫게 되면 좋겠다고 했다.

경력 10년차가 되어 가던 나에게 그 말은 스스로를 놀라게 했다. 그 동안 나는 지금의 두 배가 넘는 연봉과 그럴 듯해 보이는 직함에도 불구하고 왜 스카우트 제의를 거절해 왔는지 생각해 본 적이 없었다. 나는 노드스트롬에서 막중한 사명감을 느꼈고, 노드스트롬과 함께 커가고 싶었던 것이다. 노드스트롬과 함께 클 수 있는 자유와 사명감은 나에게 가장 흥미진진한 직업에 대한 기회를 주었다. 내게 그런 의욕이 있다는 것을 알게 되자, 나는 팀 내 다른 동료들과도 함께 크고 싶어졌다. 우리가 수적으로 가장 많은 직원을 보유한들 누가 알아 줄까? 최고를 지향하는 사람들과 함께 일하자 최고의 질을 가져오게 되었다.

> **사람들은 자기 유도(자극)가 되어 있어서 경영자로부터 다음을 필요로 할 뿐이다.**[5]
>
> - 직무 준비가 잘 되어 있기를
> - 불필요하거나 품위를 떨어뜨리는 장애물이 없어지기를
> - 과업 성취를 인정받기를

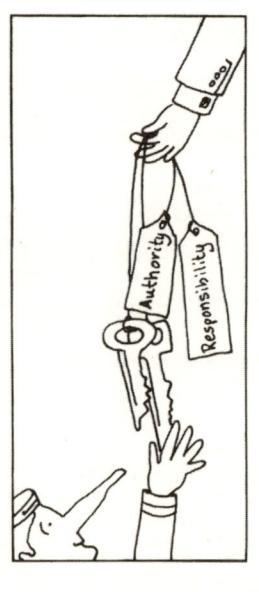

## ‡ 권한 위임

'권한 위임'이라는 말은 지난 10년 간 가장 남발된 용어 중에서도 1위를 차지할 것이다. 계속 남발되었다는 말은 제대로 실행되지 않았다는 뜻으로 책임과 권한이 부여된 사람들의 입장에서는 불행한 일이다. 권한 위임의 비결은 성공하는데 필요한 책임과 권한과 자원을 적절하게 분배하는 것이다.

매 진실의 순간마다 행해지는 서비스를 모두 지켜보는 것은 거의 불가능하다. 경영진의 눈이 닿지 않는 곳에서 매초 벌어지기 때문이다. 이런 일선에서는 경영

진이 힘을 발휘할 수 없다. 따라서 전설적인 서비스를 실현하려면 최대한 고객과 가까운 곳에서 의사결정을 내려야 한다. 고객을 일선의 말단 직원들에게 위임해야 한다는 의미이다. 그러므로 당신의 임무는 이 말단 직원들을 준비시키는 것이다. 존 노드스트롬이 권한 위임에 대해 쓴 글에서 밝혔다시피 노드스트롬에는 한 가지 규칙만이 존재한다.

모든 상황에 스스로 판단하여 대처하는 것이다.

존 노드스트롬은 3대에 걸쳐 내려오면서 직원들의 의사결정 능력을 진심으로 신뢰한다고 덧붙이고 있다. 권한을 위임받자 노드스트롬의 모든 직원들은 창의적인 해결책과 개선책과 아이디어를 시기적절하게 내놓았다. 고객이 멋진 서비스를 칭찬한다면 그것은 현장에서 만난 일선 직원의 공로이다. 노드스트롬의 세일즈 직원들은 "문제없습니다!" 하는 태도를 가지고 있다. 그들은 고객이 만족하며 돌아갈 수 있도록 진지한 노력을 기울인다.

이런 수준의 권한 위임은 회사가 직원들의 의지와 능력을 진심으로 존중할 때만 가능하다. 권한 위임은 당신의 리더십을 시험할 수 있는 좋은 기회가 될 것이다. 권한 위임에 있어서는 대역도 표절도 있을 수 없다. 나는 숱한 회사들이 노드스트롬처럼 되기 위해, 디즈니랜드를 능가하기 위해 혹은 매리엇보다 더 친절해지기 위해 시간과 돈과 에너지를 쏟아붓는 경우를 많이 보아왔다. 하지만 이런 모든 노력은 실제로 전선에 나가 있는 일선 직원들에 대한 배려 없이는 다 소용없는 일이라고 확신한다. 한 CEO는 18개월이나 공을 들인 서비스 개선 프로그램을 마치고 나서 '직원' 이라는 단어를 어떻게 교체할까 고민하다가 '아래 사람들' 이라는 호칭을 생각해냈다. 아래 사람들이라니? 진정 아래 사람들이 고객에게 봉사하고 있다면 그 회사는 가망이 없다. 이제 샘 월튼의 말을 들어보자.

"성공적인 회사를 만들려면 직원들이 당신을 위해 일한다고 느끼는 대신, 당신이 직원들을 위해 일한다고 느끼게 만들어라."[6]

노드스트롬에 오신 것을 환영합니다.[7]

귀하께서 저희 회사와 함께 하게 되어 기쁩니다.

저희의 최대 목표는 우수한 고객 서비스입니다.

개인적으로나 일에 있어서나 목표를 높게 가지십시오.

저희는 귀하가 그 목표를 반드시 달성할 수 있으리라 믿습니다.


노드스트롬의 규칙

제1규칙 : 모든 상황에 능동적으로 생각하여 대처한다.

그 밖의 규칙은 없습니다.

질문이 있으면 언제든지 팀장과 지점장, 부서장에게 물어 보십시오.

NORDSTROM

## ✢ 서비스는 모두의 일이다

회사의 초점을 고객에 맞추려고 할 때마다 항상 같은 문제에 귀착하게 된다. 바로 권한 위임이다. 권한 위임은 직접적으로는 결정권을 위임한다는 것을 의미하고, 간접적으로는 더욱 질 높고 폭넓은 서비스를 암시한다.

직원들에게 권한을 위임하면
- 회사 자원의 지원 아래 그들의 잠재력을 끌어낼 수 있다.
- 최선을 다하고 최고를 달성하며 최대한 노력하게 된다.
- 스스로 판단하여 위험을 감수하고 훌륭한 의사결정을 할 수 있게 도와준다.
- 실수로부터 배우고 성장할 수 있게 된다.

당신은 회사가 고객 중심의 우수한 서비스를 제공하도록 노력하고 있다. 이 노력의 종착점은 권한 위임이 되어야 한다.

노드스트롬의 1990년 연간 보고서는 서비스 리더십에 대한 매뉴얼이다. 이 보고서는 스타들을 조명하고 있다. 이들은 노드스트롬에 채용된 후 훈련을 거쳐 고객 서비스에 대한 열정으로 스타가 되었다. 이들의 말을 들어보자.[8]

*"나는 이곳의 자유가 좋습니다. 마치 나만의 작은 회사(남성 매장)를*

가진 것 같거든요."

–찰스 맥글로틀린 : 버지니아 주, 타이슨코너점


"무언가를 결정하기 위해 매번 상사에게 가지 않아도 됩니다. 내가 고객에게 필요하다고 생각하는 일을 하면 되니까요."

–캐롤 엔더슨 : 워싱턴 주, 노스게이트점


"직원들을 위해 회사가 해주는 지원은 놀랍습니다. 마치 내 사업을 하는 것 같아요. 모든 것이 준비되어 있고, 내가 해야 할 일은 나가서 열심히 일하는 것뿐이에요."

–대니 갤로스 : 캘리포니아 주, 산타아나점


"내가 나름대로의 경영 감각을 가지고 '이렇게 운영해야겠다' 싶은 것을 할 수 있도록 재량을 많이 부여하는 회사 방침이 마음에 듭니다."

–조안 솅크 : 버지니아 주, 타이슨코너점


"기업가가 된다는 것은 결정권을 가지는 것이라고 생각해요. 내 고객을 만족시키기 위해 필요하다고 생각하는 것을 할 수 있는 결정권 말이에요. 그런 면에서는 무한대의 결정권이 주어져 있죠."

–메리 고인즈 : 캘리포니아 주 샌디에이고, 홀튼플라자점

## 내용 정리

● 전설적인 서비스를 실현하려면 회사 전체가 참여해야 한다.

● 두 가지 종류의 직무만이 존재한다: 고객에게 서비스하는 일선과, 일선에게 서비스하는 지원 부서이다.

● 고객에게 봉사하는 직원이 갖추어야 할 요건은 좋은 판단력, 긍정적인 태도, 고객에 대한 열정, 승리하는 팀의 일원이 되고 싶은 욕구, 최선을 다하려는 의지 등이다.

● 직원들이 당신에게서 바라는 것은 위에 있는 모든 요건들과 의미 있는 업무, 존중, 회사의 청사진을 결정하는데 참여할 수 있는 기회, 명확한 기준, 계속적인 교육, 평가와 인정, 결정에 책임질 수 있는 권한, 최선을 다할 수 있도록 장려되는 것이다.

## 행동 지침

– 직원의 요구에 어떻게 하면 더 잘 부응할 수 있을지 생각해 본다. 그러면 직원도 고객에게 같은 방법으로 봉사할 것이다.

– '고객 서비스'라고 이름 붙은 직함 혹은 부서가 없도록 한다. 고객 서비스는 회사 전체의 임무이다.

– 지위고하와 관계없이 회사 내의 다양한 사람들을 알려고 노력한다. 그리고 그들에게도 당신을 알 수 있는 기회를 제공한다.

– 고객으로서 만족했던 경험을 기억하고, 그것을 회사에 적용시킨다.

– 전설적인 서비스를 위해 직원들을 준비시킨다. 즉 비전을 공유하고, 기본기를 가르치고, 필요한 것을 지원해 주고, 피드백을 해주고, 권한을 부여한다.

# 고객에 대한 약속:

비즈니스의 모든 부분을 기대하는
결과로서의 서비스가
될 수 있도록 설계한다.

## Commitment:
*To Design Every Part of Your Business With Service As the Desired Outcome*

▶▶ 서비스를 염두에 두고 시스템을 설계한다.

▶▶ 고객을 위주로 간단히 설계한다.

▶▶ 사람, 물건, 돈 등의 자원을 적절히 배분한다.

▶▶ 서비스의 쾌감을 알게 한다

# 고객 서비스 시스템

5

## ⁑ 문제 제기

　대부분의 기업들은 일단 체계가 구축되면 고객들에 대한 배려가 소홀해진다. 그러나 그러한 기업의 태만은 제일 먼저 고객의 눈에 들어온다. 고객은 가능하면 자신이 필요로 하는 것을 배려하면서 요구 변화에 대응하여 항상 시스템을 재조정하는 기업과 거래를 하고 싶어한다. 즉 고객과 기업의 접점인 '진실의 순간'이 얼마나 중요한지를 다시 한 번 생각해 보아야 한다. '진실의 순간'을 통해 기업은 고객에게 진실한 서비스를 주고 있다는 확실한 인상을 주게 되는 것이다. 그러므로 기업의 모든 관점을 신중히 설계하고 실행하고, 항상 결과를 측정하고 분석해야 한다.

　고객과의 접점을 관리하는 것은 물건을 관리하는 것과는 본질적으로 다르다. 고객과의 상호관계가 순전히 서비스 제공자의 손에 달려 있기 때문에 서비스 시스템은 고객을 지원하고 고객들 개개인의 상호작용의 향상을 위해 설계되어져야 한다. 일반적으로 서비스 시스템은 간단한 것이 좋다. 즉 모든 서비스 시스템은 고객에게 가급적 근접한 해결책을 가져올 수 있도록 계획되어야 한다. 결과적으로 훈련 시스템의 설계와 계획은 컴퓨터 시스템의 설계와 마찬가지로 심사숙고해야 한다.

## ‡ 유능한 인재를 찾을 수 없는 이유

어느 날 자선단체인 유나이티드 웨이에 관한 회의를 마치고 나오는데, 그 지역의 가장 큰 소매상 사장이 우리 지역의 상호 비즈니스에 대해 이런 말을 했다.

"나는 여전히 북서부 사람들을 이곳에 투입시켜야 한다고 생각합니다. 여기 캘리포니아 남부에는 일할 만한 사람을 찾을 수가 없군요."

다음날 아침 그 회사의 광고가 〈로스엔젤리스 타임즈〉에 '사상 최대의 화이트 세일(여름옷 대매출)' 이라는 제목으로 8쪽에 걸쳐 실렸다. 마침 두 아들이 검은 줄무늬의 시트에 매치할 새 시트를 필요로 했기 때문에 나느 쇼핑 겸 조사를 하기 위해 찾아갔다.

나는 노드스트롬의 종업원이 특별한 재능을 가지고 있다고는 생각지 않기 때문에 그 점포의 상황을 좀 더 꼼꼼히 분석하기로 했다. 나는 사람의 능력이 아닌 경영 지원에서 그 차이점을 발견할 수 있을 것이라 확신했다. 그런데 내가 찾아간 점포의 종업원은 노드스트롬의 종업원과 다르지 않은 능력을 가지고 있었다. 단지 그 종업원들을 지휘, 감독하는 관리체계가 미흡하다는 점이 달랐다. 그러나 개선의 가능성은 명백했다.

나는 상점의 개장 시간에 맞춰 그 곳에 도착했다. 그러나 그 곳엔 이미 다른 고객들로 북적거리고 있었다. 확실히 그날의 광고는 고객을 끌어모으는 데 효과가 있었다. 그런데 판매원들이 활기를 띠지 못하는 이유는 무엇일까? 내가 조사한 몇 가지 문제점을 함께 검토해 보도록 하자.

- 8쪽에 걸친 압도적인 광고를 보고 수많은 사람들이 찾아왔지만, 그 넓은 매장에는 겨우 두 명의 점원들이 감당하고 있었다.
- 근무 첫 날의 수습사원으로 보이는 점원 덕분에 나머지 점원은 밀려드는 고객으로 제정신이 아니었다.
- 두 개의 계산대 가운데 한 대만을 사용하고 있었다.
- 전화기는 사용하지 않는 계산대에 위치해 있었고 원격시스템이 되어 있지 않았다. 따라서 전화벨이 울릴 때마다 점원은 하던 일을 멈추고 전화를 받기 위해 달려가야 했다.
- 상점은 난장판이었다. 상품들은 어질러져 있었고, 상자들로 통로는 막혀 있었으며, 쓰레기들이 바닥에 널려 있었다.
- 상품은 전혀 정리되어 있지 않았다. 고객들은 원하는 규격을 찾는데 많은 시간을 허비해야만 했다. 직원들에게 도움을 청했지

만 아무 소용이 없다는 것을 알고 투덜거리며 매장을 나갔다.

- 하나밖에 없는 계산대는 사람들이 긴 줄로 늘어서서 차례를 기다리고 있었다. 상품에는 가격표가 붙어 있지 않아 모든 물건들의 제품번호를 찾아보면서 가격을 입력해야 했다. 수십 개의 제조업체가 있고, 수천 개의 제품번호가 있다는 것을 생각하면 이 얼마나 짜증나는 일인가?
- 판매원들의 복장은 허름하고 지저분하기까지 했다. 최저 임금에 맞추기라도 한 듯 그들의 품행은 형편없었다.

## ✛ 사람을 활용하는 시스템

노드스트롬의 종업원과 다른 기업의 종업원과의 차이점은 그들을 지원하는 시스템에 있다. 노드스트롬

> 고객이 확실하지 않다고 느낀다면 시스템이 부적절한 것이다.

이라고 해서 특별한 인재를 채용하고 있는 것은 아니다. 실제적인 차이점은 훈련, 지원, 기술, 수단, 목표 그리고 직원들의 작업 환경을 규정짓는 보수에 있었다. 고객에게 성실히 봉사할 만한 사람은 언제 어디서든 찾을 수 있다. 당신이 만든 모든 시스템에 서비스를 융합시킴으로써 사원들이 가진 역량을 발휘할 수 있는 것이다. 화이트 세일에는 몇 가지 시스템이 등장해야 한다.

- 제품 관리
- 정찰표
- 가격 설정
- 음성통신
- 훈련
- 수당

이 기업이 화이트 세일을 위해 지원하는 광고비는 대략 십만 불 정도였다. 이러한 투자로 고객들을 상점으로 끌어들이는 데는 성공했지만 상점의 비능률적인 시스템으로 고객에게 불편을 준 것은 물론, 귀중한 비즈니스 기회마저 놓쳐 버렸다. 아마도 고위 경영진들은 판매 부진의 원인을 허술한 광고와 미숙한 종업원들의 탓으로 돌릴 것

이다. 그러나 이러한 평가는 2류 업무수행, 즉 직원들의 충분한 가능성을 발휘하지 못하게 하는 원인이다.

'현장은 거짓말을 하지 않는다'는 옛말이 있다. 이 속담은 완벽해 보이는 건축물은 그것을 지탱해 주는 기반구조를 반영한다는 의미이다.

다시 말해 소매업이 서비스의 기초를 습득하는 충분한 토대를 제공하는 이유 중 하나는 그것이 고객들

에게 너무도 훤히 들여다보이기 때문이다. 고객의 입장에서 소매업을 관찰해 보면 무엇이 성공적이고 무엇이 그렇지 않은지 금방 알 수 있다. 그리고 그것을 당신의 비즈니스에 적용시킬 수 있다. 불가사의한 것은 대규모 소매업 사장이 서비스 개선을 위한 구체적인 방법을 모르고 있다는 것이다. 그는 우선 자신의 점포부터 진지하게 생각해 봐야 할 것이다.

종업원에게는 잘못이 없다. 문제는 매니지먼트에 있다.

### 고객의 흥미를 떨어뜨리는 주요 원인

-원하는 상품이 입고되지 않았거나 발견할 수 없을 경우
-도움이 필요한 상황에서 도움을 받을 수 없을 경우
-미성숙한 종업원이 있을 경우
-복잡한 절차와 형식
-계산대나 공중전화에서 줄을 서서 기다려야 할 경우
-정확한 가격이 표시되어 있지 않았을 경우
-허위 광고임을 알아차렸을 경우
-지불한 가격에 비해 값어치가 없을 경우
-기대한 만큼 질이 좋지 않을 경우
-제품 또는 서비스가 갖춰지지 않았을 경우
-점포 내부의 지저분함 등의 허술한 관리
-사고의 위험성이 눈에 보일 경우
-점포의 위치, 상품의 배열, 주차장, 교통 등이 불편한 경우

*여러 가지 차별화 전략*

노드스트롬의 특별한 세일은 철저한 계획에 맞춰 진행된다. 혼잡을 우려해 직원을 늘려 대치할 수 있도록 하거나 고객의 신속한 구매 진전을 위한 추가시설을 배치하고, 각 매장의 적당한 곳에는 탈의실을 보충 설치한다.

광고로 쓰여질 비용을 고객의 만족을 위해 쓰는 것이다. 이러한 전략은 고객들로 하여금 매장을 다시 찾게 만든다. 예를 들어 상반기 세일 혹은 주기 세일에 노드스트롬은 무료 대리주차 서비스를 제공하고 있다. 그것은 말그대로 무료다. 대리 주차인들은 팁마저도 상냥히 거절한다. 세일기간 중 소나기가 오면 상점 직원이 고객을 차에서 상점까지, 그리고 상점에서 차까지 우산을 씌어 주기도 한다. 이렇듯 고객의 입장에 설 줄 아는 전략이 다른 기업과 큰 차이를 보이는 것이다. 어떤 비즈니스든 고객이 중요시하는 몇 가지가 있다.

> 서비스는 재고가 아닌 계획성이 있어야 한다. 감독하려 함으로써 당신 자신과 사원, 고객들에게 실망을 안겨주지 말고 처음부터 서비스를 당신 운영의 모든 일부로 만들어라.

- 진실된 호의
- 인재, 상품, 처리 과정의 우수함
- 업무의 효율
- 업무의 유효성

고객이 요구하는 것을 신속히 확보하고 구매하기 편리한 환경을 조성한다. 이 간단한 개념이 훌륭한 비즈니스의 바탕을 결정한다. 이 개념을 적용하는 사람들에게는 경쟁적 이점을 가져오지만, 그 중요성을 알고 있으면서도 실천하지 못하는 기업이 대다수이다. 서비스는 종종 경영 업무의 약점으로서 잊혀지곤 하지만, 이는 여전히 논쟁거리가 되고 있다.

모든 시스템은 고객이 원하는 것을 즉시 제공할 수 있도록 설계되어야 한다. 이것은 전설적 기업이 경영의 초점을 서비스에 맞출 때 이루어진다. 진실의 순간과 구매의 요점은 경영의 절대적인 권한 밖에서 일어나는 사건이다. 이러한 고객만족과 관련된 비즈니스를 지원하는 모든 요소들의 신중한 계획과 실행은 모두 수익으로 돌아온다. 서비스는 앞을 내다보는 마음가짐으로 해야 한다. 시간이 지나면서 처리한다는 생각은 리더와 종업원, 그리고 고객들마저 좌절시키고 만다. 애초에 모든 과정 분야에 대한 서비스를 계획하도록 해야 한다.

> 이익을 보는 매매의 스릴, 곧 판매의 스릴을 정착하는 데 자신을 동료에게 헌신한다면 그 무엇도 우리를 막을 수 없다. 이것은 곧 고객이 원하는 제품을 그들이 원할 때 당신이 보유하고 있고 구매를 간편하게 만들 수 있다는 의미다.
> —샘 월튼

피터 드러커가 한 말 중에 "오늘날 매니지먼트는 종업원이 일할 수 있는 환경을 마련하는 것이다"라는 말이 있다. 이는 뛰어난 서비스의 실현을 위해서 관리자가 해야 할 일은 고객 가까이에서 진실한 의사결정이 행해지는 환경을 마련한다는 의미이다.

서비스의 최고봉을 정하는 시스템의 보증서는 단일성과 관련성이다.

다행히 리더와 고객에게 딱 맞는 시스템을 정제할 기회는 많이 남아 있다.

## ✢ 조직을 설계하라

당신이 속한 조직의 구조는 서비스 전달을 지원하고 있는가? 미국 걸스카우트협회에서 오랜 기간 회장을 지낸 프랜시스 헤셀바인은 훌륭한 리더십으로 정평이 나 있다. 경영의 예술과 과학에의 수많은 공헌은 프랜시스 헤셀바인이 그녀의 조직의 원동력을 뒷받침하기 위해 개발한 독특한 구조이다.

헤셀바인은 기업의 조직은 동심원이어야 한다고 생각했다. 경영팀을 상징하는 원의 맨 안쪽에 그녀가 있고, 또 그 경영팀을 직접적으로 보조하는 사람들을 상징하는 원이 차례로 계속되어 마침내는 고객 자신을 상징하는 원으로 끝난다. 이 형태는 세밀하게 짜여진 편물처럼 보이지만, 조직이 가지고 있는 가치관을 매우 상징적으로 보여준다. 즉 원에는 모든 것을 내포한다는 의미가 담겨져 있다.

그 원은 촘촘히 그러나 유연하게 흐름과 움직임을 고려하면서 짜

**순환 구조 관념**

A: 사장 또는 최고 경영진
B: 경영진(경영 순환)을 위한 부사장
C: 종합 감독
D: 팀 감독

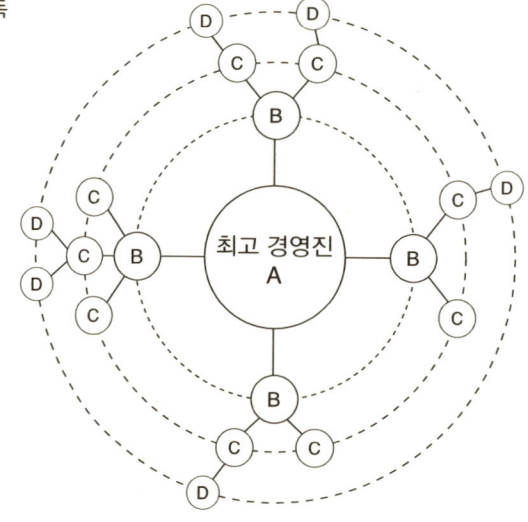

**프랜시스 헤셀바인의 비계층형(무계위) 조직 도안**

여겨 있다. 원은 '가족 써클'이나 '친구 써클'처럼 유기적인 결합이
라는 뜻도 있다.[1] 조직을 원형으로 배치하자 계층이라는 생각은 없
어졌다. 그리고 '원→굴러간다'는 이미지가 나타내는 것처럼 프로
젝트의 내용이나 상황에 따라 조직 내의 각 부서, 인재의 위치도 회
전할 수 있다. 개별적인 비즈니스의 독특한 원동력을 반영하는 조
직적 설계의 중요성은 생소할 것도 없이 종종 과소평가되어진다.
노드스트롬이 1970년대 초기에 주식 공개 준비를 할 때 투자 은행
들은 표준 조직표의 허술함에 경악했다.

　노드스트롬은 그들의 요청에 따라 조직도를 만들었지만, 사각형을

선으로 이어 계층과 직무를 나타내는 이전의 조직도로는 노드스트롬을 표현할 수 없다는 사실을 깨달았다. 결국 역삼각형 형태의 그림을 다시 그리고 그것을 조직도로 사용하고 있다. 그러나 1971년에는 노드스트롬이 어떤 방식으로 운영해야 하는지에 대한 기대감이 담겨져 있었고, 여전히 기업의 가치를 아래와 같이 반영하고 있다.

- 고객의 선도역할을 인식한다.
- 고객을 보조하는 모든 직원들은 중요한 존재이다.
- 고객과 가까워질수록 그 역할은 중요해진다.
- 관료적인 색채는 전혀 없다.
- 매니지먼트는 지원하기 위한 존재이다.

### 노드스트롬의 역삼각형 조직도

기업구조

고객

판매와 판매보조원

부서 책임자

매장 매니저

상품 담당 매니저, 구매 담당자

중역 위원회(이사회)

노드스트롬의 역삼각형 조직도는 어느 점포에서나 볼 수 있다. 사무실과 구내식당은 물론, 출퇴근 기록기나 급탕기에도 걸려 있다. 연말 보고서와 수많은 간행물에도 명시되어 있다. 이것은 노드스트롬의 강점을 말해 주는 중요한 범례이다. 더욱 중요한 것은 조직의 모든 차원에서 이 그림의 의미에 걸맞는 활동이 행해진다는 것이다. 간단한 그림이지만 이는 기업의 문화를 정확히 암시해 준다.

직원들에게 당신의 가능한 조직적 원동력에 대한 설명으로 당신의 조직 내 서비스의 체계적인 설계를 착수시켜 보는 것은 어떨까? 일단 바람직한 조직이 완성되면 종업원은 그것을 매일 업무에 반영해 좋은 성과를 거둘 것이다.


## ✢ 직원 프로세스를 설계하라

고용이나 훈련, 포상은 설계와 이행을 위해 인적자원 전문가에게 전형적으로 맡긴다는 생각이 일반적이다. 비즈니스에 있어서 이 분야들은 서비스 성공에 필수요건이며 완전히 통합되어야 한다. 훌륭한 인재로 키우기 위해서는 자신들 앞에 무엇이 기다리고 있는가를 인지하고 보여주는 것에서부터 시작해야 한다.

인적자원 전문가의 역할은 지원자와 자질, 훌륭한 아이디어의 수행에 보조적인 역할을 한다. 그러나 모든 진행이 유용해지려면 인적 시스템의 설계와 실행은 당신을 포함한 모든 경영진의 참여를 필요로 한다. 지금까지 인재 관리는 인사 부서에서 담당하는 것이라 생각해 왔다. 하지만 그 책임이 단지 판매 부서에 영향을 미치는 정도가 아니라는 것이 명백한 이상, 인재 관리 업무에는 판매부서도 참가해야만 한다.

> 당신은 세상에서 가장 멋진 장소를 꿈꾸고, 창조하고, 디자인할 수 있다. 그러나 그 꿈을 실현시키기 위해서는 함께 할 사람들이 필요하다.
> ―월트 디즈니

우주선을 만들 건 우주항공모함을 만들 건, 샤넬을 팔 건 미키마우스를 팔 건, 또는 정보를 제공하건 오락을 제공하건 간에 그 열쇠는 단 한 가지, 꿈을 이룰 수 있도록 사람들의 마음을 풍요롭게 만드는 것이다. 당신의 비전을 실현해 주는 사람은 바로 직원들이다. 훌륭한 리더십을 발휘한다면 그들은 당신의 기대를 훨씬 능가하게 될 것이다.

비즈니스의 인력을 지나치게 체계화하려고 하면 자칫 인정미를 잃어버릴 위험이 있다. 대부분의 기업들이 너무 비인간적인 '인원' 이라는 용어 대신에 '인적자원' 이라는 말을 사용했다. 그러나 '인간' 에의 초점은 사람에 대해 새로운 감성을 반영하고 있는 걸까? 아니면 '자원' 이 사람을 관리대상인 일용품으로 저하시킴을 나타내고 있는 걸까?

노드스트롬에서는 최전선의 직원들을 '세일즈 피플' 이라고 부른다. 단순히 점원이나 판매원이라고 부르는 것보다 훨씬 좋지 않은

가? 고어텍스로 유명한 W.L. 고어 앤드 어소시에이츠에서는 창업자인 빌 고어가 적극적으로 종업원을 만나 그들에게 '고객만족의 최고 사령관'이라고 칭했다. 월마트에서는 모든 지위의 사람들이 비즈니스 파트너처럼 결합되어 있다. 또한 조직 관리를 담당하는 부서의 명칭을 '인재 부서'로 바꾸었다. 그곳에서는 기업 활동에 '인간'이 얼마나 중요한 역할을 하는지 정확히 인식하고 있다.

## 팀을 구성하라

모든 결정이 그러하듯 새로운 사람을 고용하는 것은 가능한 한 고객에게 가까이 갈 수 있는 사람이어야 한다. 인재 채용은 절대로 인사 담당자의 전임 업무여서는 안 된다. 이것은 매우 이해하기 쉽고 간단한 원칙으로 팀의 책임자가 그 구성원을 선택해야 한다. 누구도 팀의 일원을 부여하는 일을 해서는 안 된다.

당신이 비즈니스를 위해 책임을 부여한다면 그들 스스로 필요한 팀을 구성해 그들의 성취를 지지할 수 있다. 그 팀에 중요한 것, 필요한 경험, 요구되는 자세를 가장 잘 알고 있는 사람은 바로 그 팀에서 근무하는 직원들이다. 그렇게 하면 기업에도 크나큰 이점이 있다. 필요한 인재 채용의 권한이 있다는 인식이 싹트면 채용한 사람이 성공하도록 팀 전원이 노력하기 때문이다.

## 팀을 훈련시켜라

만약 새로 오픈한 식당에서 식사를 하고 있는데 테이블에 "이제

막 개업을 했기 때문에 혹 직원들의 실수가 있더라도 너그러이 이해해 주세요. 점차 좋아질 것입니다"라고 적힌 카드를 받았다고 해 보자. 그때 당신의 반응은 어떨 것이라 생각하는가? 내가 만약 이 상황이었다면 우선 동정심을 가졌을 것이다. 그러나 그 관대한 반응은 곧 '완벽한 준비가 안 됐으면 개업을 하지 말았어야지' 하는 생각으로 바뀌었을 것이다.

서비스 제공자는 고객이 그들의 훈련대상이라는 생각을 갖게 해서는 안 된다. 사전에 훈련도 하지 않고 일을 하게 만드는, 즉 고객을 업신여기는 이런 방법은 결코 용납될 수 없다. 앞에서 모든 직원의 중요성이 디즈니랜드의 한 청소부와 고객과의 대화를 통해 묘사되었다. 청소부라는 직업이 단기 고용직임에도 불구하고 디즈니의 경영진들은 청소부가 고객들로부터 얼마나 많은 질문을 받을 것인지를 알기 때문에 며칠 동안 사전 연수를 시킨다. 훈련에 대한 또 하나의 중요한 관점은 체계적으로 해야 한다는 것이다. 학습할 수 있는 기회는 많지만 그 기회를 체계적으로 이용할 수 있도록 해야 한다.

토마스 워슨에 대한 잘 알려진 일화가 있다. 그의 고위간부 한 사람이 기업에 수백만 불의 손실을 가져오는 아주 큰 실수를 저질렀다. 이 사실을 알게 된 직원들은 조심스럽게 그의 뒷처리를 시작했다. 워슨이 그에게 들렀을 때 그 간부는 "여기에 오신 이유를 잘 알고 있습니다. 사표를 쓰고 나가겠습니다" 하고 말했다. 워슨은 놀란 눈으로 그를 바라보고는 다정히 말했다고 한다. "당신을 훈련시키기 위해 삼백만 불을 소비하고서 당신을 내보낼 거라고 생각진 않겠죠?"

## 팀에게 포상을 줘라

직원들의 가장 커다란 자극제는 자신들의 활동이 기업에 중요하다는 인식이다. 그 두 개의 시도는 작업환경이 적절히 관리되고 있는지, 또한 필요한 도구가 제대로 제공되고 있는지를 통해 자신의 활동이 얼마나 중요한지 간접적으로 이해할 뿐이다. 그 밖에는 성과가 좋을 것이라고 추측하는 수밖에 없다. 직원들은 그들의 작업 성과가 중요하다는 것을 인지할 때 기대를 능가하는 성과를 발휘할 수 있게 된다.

### 보상

훌륭한 서비스로 이름난 기업을 보면 다른 기업보다 명백한 보상 프로그램이 있다는 사실을 알 수 있다. 보상 지급에 정도는 없다. 그 열쇠는 일관성, 개방성, 공평성 그리고 기업의 성장에 한몫 할 수 있는 기회를 계속 제공해야 한다는 보수의 원칙이다. 종업원은 업무에 대해 그들의 노력과 결과에 상응하는 비율의 보상을 받을 필요가 있다.

보상의 중요한 요소는 보수이다. 충분한 격려를 위해서는 보수 시스템이 기업의 철학을 반영해야 한다. 예를 들어 노드스트롬의 철학은 판매원들에게 그 분야의 최고임금을 준다. 관리직의 경우 젊은 사람일수록 같은 업종에 비해서 비교적 높은 급여가 지급되지만, 직책이 높아짐에 따라 다른 기업과 비슷해진다. 사실상 판매원이 연봉 75만 달러를 넘게 받는 반면, 간부들은 사실상 평균 이하의 연봉을 받는다. 그러나 급료만이 보상은 아니다. 때로는 다른 보수가 더 중요한 경우도 있다.

- **승진 기회**: 우수한 직원들은 성장의 기회를 원한다.
- **표창**: 성공한 사람에게 찬사를 보내기 위해 모든 기회를 활용한다.
- **수당**: 안정감은 성취할 수 있는 여유를 준다.
- **책임**: 중요한 일을 맡길 때 엄청난 자기만족을 느낀다.

보상 시스템이 적절히 설계되어 있으면 직원들은 그들이 한 만큼의 보수를 받을 것이고, 또한 기업은 그들이 투자한 값어치만큼의 보상을 받게 될 것이다.

### 경쟁을 부추겨라

조건이 균등하고 규칙이 공정하다면 경쟁은 기업의 뚜렷한 차이를 만드는 원동력이 된다.

경쟁은 목표를 명확히 정의하고 기대를 강조하는 극적인 방법이다. 노드스트롬은 그들의 리더십 스타일을 '경쟁 유도에 의한 경영'이라고 우스갯소리로 묘사하곤 한다. 사실 그들은 새로운 부서의 명칭 모집에서 매출 목표의 설정까지 기회

> 활기를 돋우기 위해서는 기업의 모든 사람들이 기업이 어떤 상태였고, 무엇을 추구하며, 그들이 기업의 목표 달성을 어떻게 도울 수 있는가에 대해 알아야 한다.

가 있을 때마다 경쟁을 도입하고 있다. 노드스트롬은 목표 설정에서 달성까지 놀라울 정도로 폭넓은 지식을 가지고 있는 기업이다.

활발한 경쟁은 사소한 성취에 가치를 부여하고
불가능한 꿈을 관례적인 것으로 만들 수 있다.

5달러짜리 지폐 한 장으로 종업원의 의욕이 완전히 바뀐 노드스트롬의 어느 부서 이야기이다. 그것은 그 날의 매출을 가장 많이 올린 종업원에게 5달러짜리 지폐를 주고, 그 기록이 경신될 때까지 그대로 가지고 있도록 한 것이다. 그 결과 매출이 부진한 것에 투덜거리던 종업원이 고객에게 최선을 다해 서비스를 하게 되었다. 불과 5달러 때문에 말이다.

열쇠는 상금의 크기가 아니라 그것을 자아내는 열정이다.

## 성적을 기록하라

활기를 유지하기 위해서는 기업 내의 모든 사람들이 기업이 어떤 상태였고 무엇을 추구하며, 그들이 기업의 목표 달성을 어떻게 도울 수 있는가를 알아야 한다. 무엇보다도 경영진이 이러한 인식으로 직원들을 신뢰해야 한다.

## ‡ 작업 환경을 설계하라

성공적인 직무수행을 위해서는 직원들이 고객에게 봉사하는 환경을 제공할 수 있어야 한다. 직원들이 어떻게 일을 해야 하는지를 파악하느라 시간과 에너지, 창조성을 낭비하는 일은 없어야 한다. 마찬가지로 고객 서비스에 접근하는 방법을 모른다든지, 자사에서 충분히 제공할 수 있는 것이었는데도 고객이 우왕좌왕하는 사태를 일으켜서도 안 된다.

작업 환경은 직원과 고객이 동시에 즐겁고 안전하고 흥미로워야 한다. 종업원이 통행하는 흐름을 분석하고 고객의 제안에 귀를 열어 두는 장소로서 공간을 최대한 활용할 수 있을 것이다.

어느 날 댈러스에서 온 소매상 간부에게 나는 자랑스럽게 본점을 안내하게 되었다. 그런데 그는 왜 에스컬레이터가 있는 곳에만 이동통로가 있는지, 왜 그 이동통로가 다시 매장 안으로 통하지 않는지를 물었다. 나는 그의 질문에 당황하여 적당히 얼버무리는 수밖에 없었다.

> 노드스트롬에서는 축제일 세일용으로 장식하기 위해 전에 쓰던 집기를 정리할 정도로 철저하다. 매년 존 노드스트롬 씨는 매장들을 둘러본다. 그리고 각 매장의 지배인을 불러 왜 직원 휴게실에 있는 여분의 비품들을 쌓아 두면 안 되는가를 설명한다.

다행스럽게도 노드스트롬의 점포 직원들이 친절하고 겸손했으며 적극적이었기 때문에 나의 체면이 살았다. 오늘날 모든 점포는 매장 안쪽까지 통로가 연결되어 있어 고객이 모든 곳을 돌아다닐 수 있도록 바뀌었다. 그 결과 매장에 대한 고객의 접근이 개선되었고 실적도 올랐다. 자신이 아무리 뛰어나다고 해도 향상된 서비스의 계획이 생각으로만 그친다면 비즈니스가 얼마나 더 나아질 수 있겠는가?

사람들은 물리적인 환경에 민감하다. 조명, 소음, 온도, 청결, 작업장 안전 조건, 직원의 효과와 고객의 수용성 등이 그것이다. 뛰어난 환경을 만들기 위해서는 개념 설정 등 초기단계부터 고객과 종업원을 검토 과정에 참여시켜야 한다. 그러면 굉장한 양의 시간과 비용이 절약될 것이다.

이미 환경이 정비됐다면 현실을 어떻게 개선하면 좋을지에 대한 종업원의 제안을 적극적으로 살펴볼 필요가 있다.

## 도구를 제공하라

고객을 소중히 하라는 리더의 기대에 대응하기 위해서는 적당한 도구가 필요하다. 서비스마스터는 매장 청소, 화장실 청소, 세탁물 살균, 잔디 비료주기 등 우리들 대부분이 멸시하는 분야에서 전설적인 서비스의 지위를 획득한 기업이다. 서비스마스터는 이러한 평범한 노동자의 일을 특출한 서비스 제공업의 가능성을 발전시키

99.9%로 충분하다는 생각은 엄청난 사태를 야기할 수 있다.

- 2만 2천 건의 수표가 실수로 예금 계좌에서 빠져나간다.
- 매 분당 1,314건의 전화가 교환 서비스로 인해 잘못 연결된다.
- 매일 12명의 신생아가 다른 부모에게 맡겨진다.
- 268,500개의 결함이 있는 타이어가 수출입된다.
- 일 년 동안 잘못된 처방전이 2만 건이나 쓰인다.[2]

는데 대단한 혁신을 일으켰다.

　서비스마스터의 성공의 열쇠 중 하나는 평범한 과업을 위해 노동 절약의 대폭적인 투자를 아끼지 않는다는 점이다. 예를 들면 서비스마스터의 직원들은 서비스마스터의 펌프기와 벽면을 청소하는 거품제조기, 그리고 바닥청소용의 가벼운 자루걸레를 사용해 병실 청소를 평균보다 20% 빨리 끝낼 수 있다.

　앞에서 나온 화이트 세일에서도 그러한 것처럼 점원에게 알맞은 장비가 부족한 것이다. 업무에 따라서도 다르겠지만 충분한 능력을 갖춘 컴퓨터 시스템에서 사소한 펜이나 스테이플같이 하찮은 장비도 주요 항목이 될 수 있다. 직원들은 당연히 토너와 종이가 들어가 있는 복사기와 청소부가 반짝반짝하게 닦아 놓은 사무실, 새로 끓인 향기로운 커피, 언제나 일을 부탁할 수 있는 전문적인 비서 등을 기대하고 있다.

　적절한 도구를 갖추는 일은 무엇보다 최우선적으로 처리해야 한다. 업무 과정을 잘 생각해 제 1선에 이르기까지 필요한 도구를 갖추어야 한다. 그래야 직원들의 능률도 오르고 생산성과 매출에 큰 영향을 줄 것이다.

　충분히 이용할 수 있는 기술이 있음에도 불구하고 그것을 활용하지 못하는 곳이 바로 항공업이다. 나는 비행기를 자주 이용하는 편인데, 여행시간 중 상당한 부분을 차지하는 것이 탑승 수속을 기다리는 시간이다. 내가 예약한 탑승권을 미리 발급받아 지니고 있을 때조차도 그렇다. 실제적으로 공항에서 티켓을 사는 것은 매우 짜증스러운 일이다. 정보에 대한 진행은 느리고 승객의 줄은 점점 길어져 불안감은 쌓여만 가는데 매표원은 컴퓨

처음부터 이 비즈니스가 무엇인가에 대한 비전이 있다고 항상 종업원에게 이야기한다. 나는 비전이 실현된다고 믿고 있고, 실현할 수 있는 자신감도 있다.

터 스크린 앞에 멍하니 서 있다. 대조적으로 사우스웨스트 항공은 지난 몇 해 동안 가장(사실상 유일하게) 수익성이 높은 항공사였다. 게다가 정확한 시간관리와 화물 취급, 그리고 고객의 신뢰도 부문에서 3년 연속 최고 평가를 받았다.

사우스웨스트 항공에서는 좌석 할당제를 없애고 가고자 하는 목적지를 스스로 예약할 수 있는 셀프서비스 터치스크린을 제공함으로써 초기단계 시스템을 간소화했다. 또한 이 회사는 탑승 업무의 티켓화에도 착수하고 있다. 다리가 아파 신경이 극도로 예민한 고객 응대에서 해방된 이 회사의 지상 근무자들은 틀림없이 하늘을 날 듯이 기뻐하고 있을 것이다.

## ✢ 기술을 제공하라

고객 지향성을 나타내는 말로 "후방 지원은 자동화하고, 고객과의 상호작용을 개별화하라"는 말이 있다. 서비스를 다른 기업과 구

별짓기 위해서는 고객의 업무를 100% 처리할 수 있는 정확하고 신속한 최상급의 고속 시스템을 정비해야 한다. 그러나 아무리 기술이 진행되었다고는 하더라도 사람을 대신해 모든 서비스를 제공할 수는 없다.

물론 기술은 직원들이 갖추어야만 하는 귀중한 도구임에는 틀림없다. 그래도 서비스 전달의 열쇠를 지고 있는 것은 고객과 직접 연결된 사람이라는 사실을 명심해야 한다.

## ☩ 메시지를 디자인하라

전설적인 서비스로 이름난 기업을 보면 언제 어디서나 고객을 위해 열심히 일하는 리더십을 발견할 수 있다. 단지 서비스 향상을 호소하는 메시지를 전하는 것이 아니라, 리더가 종업원과 직접 커뮤니케이션할 수 있는 기회를 찾아서 개인적으로 이야기하는 것이다. 또한 그들은 서비스 완성을 위해 끊임없는 도전을 하고 있고, 그를 위해서 매사 모든 사람들에게 지혜를 빌린다는 자세로 임하고 있다.

이러한 자세는 업종이나 리더의 인품, 환경이 달라도 공통적으로 볼 수 있다. 훌륭한 서비스를 위해서라면 어떤 일이라도 마다하지 않는 것이 리더에게는 당연한 일이다.

## 메시지를 퍼뜨려라

마리오트는 예전에 고급 호텔에서만 제공했던 세심한 서비스를 그 등급에서 처음으로 제공하기 시작한 호텔로 유명하다. 그는 질적인 서비스를 마음에 두고 직원과 고객의 대변인이 되었다. 모든 구성원들에게 메시지를 전달하겠다는 그의 결심은 말 그대로 전설적인 서비스 그 자체였다. 대낮에 프런트에 불쑥 나타나는가 하면, 새벽 3시에 세탁실에 도넛을 가지고 와 감사의 말을 전하기도 했다. 또한 고객과의 지속적인 접촉을 위해 고객의 의견양식과 외부로부터 온 편지들을 읽어보고 직접 답장을 쓰기도 했다.

그의 아들인 J. 윌라드 마리오트 주니어는 쾌활한 아버지에 비하면 상당히 소극적인 성격이지만, 역시 기대와 평가를 종업원에게 전달해야 한다는 중요성을 알고 있었다. 이러한 그의 노력으로 마리오트는 오늘날과 같은 탁월한 위치를 차지할 수 있게 된 것이다.

## 모든 기회를 이용하라

당신의 열정을 전달하는 것에는 여러 형태가 있다. 방문, 지도, 조언, 모범, 문서, 또는 연설 등이 그것이다. 이것은 진심에서 우러나올 때 영향력이 있다. 무엇보다도 그 메시지에는 "바로 이것이 우리가 추구하던 서비스다"라는 기쁨이나, "당신이 한 일은 훌륭하다. 당신 없이는 도저히 할 수 없었다"고 하는 감사의 뜻이 담겨 있어야 한다.

본인 스스로 사람을 계발하는 능력이 없다고 생각할지도 모르겠지만, 종업원을 계발하는 힘이야말로 리더인 여러분에게 요구되는 능력이다. 종업원은 여러분을 하나의 기준으로 생각하고, 당신에게 계발과 열의, 따뜻함, 인정을 구하고 있다.

## 기준을 정하라

전설적인 서비스를 목표로 하는 리더는 기업이 하는 모든 일이 고객과 직원과의 공약임을 숙지하고 있다. 게다가 서비스 향상에 대한 도전에는 결코 타협하는 일이 없다. 수백억 달러의 매출을 올리는 유한책임의 체인 회장 레스 워너는 친히 모든 광고를 검토할 뿐 아니라, 새 지점의 모든 세부사항을 정밀히 조사한다. 또한 1993년 보스턴 치킨의 주식을 공개해서 월스트리트에 역사를 남긴 스콧 베크, 제프 시어러, 사드 나디르, 이 세 사람은 비밀스런 요리법부터 바닥을 닦는 방법에 이르기까지 모든 것에 명확한 기준을 설정하고 있다.

> 전설적인 기업들의 유일한 비밀 무기가 있다면, 그것은 어떤 상황에서도 최고의 서비스를 실현하려고 도전하는 회사 전체의 리더십이다.

## 잘 듣고 배워라

진정한 커뮤니케이션은 서로 주고받는 것을 의미한다. 이따금 청중을 매혹시키는 능력을 가진 사람을 가리켜 뛰어난 커뮤니케이터라 한다. 그러나 리더십의 도구로서의 커뮤니케이션은 상호관계를 요구한다. 당신은 직원과 고객이 함께 해야 할 중요한 가치를 지니고 있으며, 그들에게 배울 것도 많이 있다.

리더가 사람들의 목소리에 귀를 기울이고 그곳에서 온갖 정보를 얻는 것은 아주 중요한 일이다. 그러나 그것을 실천하기 위해서는 순수함과 적극성이 필요하다.

순수함이란 편견 없이 듣고 무언가를 배우려는 자세를 의미한다. 결코 부정적으로 듣거나 거부하려는 자세를 취해서는 안 된다. 마찬가지로 적극적인 청취란 그들의 말을 순순히 인정하고 적절히 대응하는 것을 의미한다.

## 모두가 시장상인이다

마케팅은 정보 수집과 정보 발신이라는 두 개의 근본적인 활동으로 이루어져 있다. 당신의 기업 내에서 커뮤니케이션의 기회를 최대화하려고 생각한다면, 여러분을 포함한 전원이 마케터가 되어야 한다. 즉 모두가 고객의 선호를 알고 조직을 통한 정보를 전할 책임을 진다. 또한 모두가 기업과 잠재적 고객의 존재 목적을 전달할 책임이 있다.

전설의 서비스를 실현하는 기업에서 '비밀 병기'라고 부를 수 있는 것이 있다면, 그것은 어떤 상황에서도 최고의 서비스를 실현하려고 도전하는 회사 전체의 리더십이다. 커뮤니케이션은 모든 기회를 인식하고 직무를 바르고 훌륭하게 해내는 것을 축하하는 헌신적이고 신중한 실행을 통해서 일어난다.

샘 월튼은 이런 말을 했다.

"가능하면 동료에게 모든 것을 전달하라. 알면 알수록 그들은 쉽게 깨닫는다. 한번 깨달으면 그냥 내버려두어도 그들은 스스로 알아서 일을 한다."

## ✝ 방해물을 제거하고 질을 높여라

조직의 각 부서에서 이런 간단한 검사를 도입해 보는 것은 어떨까? 어떤 과정이 사람들의 일에 도움이 되느냐를 생각해 보는 것이다. 당신이 현재 하고 있는 모든 일에 이 질문을 던져 보아라. 어떤 경우에서든 고객이 최우선이 되어야 한다는 사실을 알면서도 이 항목은 종종 주요한 프로젝트나 새로운 장비 설치의 장애물 앞에 무시되어지곤 한다.

예를 들어 수많은 기업들이 지난 몇 년 간 포괄적 품질 경영(Total Quality Management)에 막대한 투자를 했다. 미국의 어느 최고 컨설턴트가 조사한 바로는 TQM 활동이 고객에게 어떤 이점을 가져다주는지 생각하지 않고 4년 넘게 한결같이 활동해 온 기업이 적지 않았다고 한다. 서비스를 개선하기 위한 원칙에는 그것이 제대로 고찰된 것이라면 반드시 다음 세 가지 사항을 포함하고 있다.

● 서비스 제공을 위한 과정에 대한 관심
● 고객과의 약속

● 직원들의 참가

포괄적 품질 경영(TQM)이건 새로운 직원 안내서를 작성하는 일이건, 혹은 기업을 재건설하고 주차장을 재포장하는 일이건 반드시 물어야 할 질문이 있다.

"이 활동은 고객 서비스에 대한 종업원의 도전을 촉진하고 있는가, 저해하는 있는가?"

서비스는 비즈니스의 약점으로 등한시되어지기 쉽다. 그래서 뛰어난 서비스를 실현하고 있는 기업은 우연히 성장한 산업이었다던가, 뛰어난 비법이 있다고 생각하는 일이 많다. 사실 훌륭한 고객 서비스는 하드웨어만으로 가능한 것은 아니다. 그것은 비즈니스의 요구에 잘 조화된 모든 시스템으로부터 온다. 필요에 의해 그것은 세부항목의 계속적인 개선과 세심한 주의를 요구한다.

> 이 활동은 고객 서비스에 대한 종업원의 도전을 촉진하고 있는가, 저해하고 있는가?

다시 한 번 모든 거래로부터 고객이 기대하는 것을 재검토해야만 한다.

● 인간적 상호작용
● 경영상 우수성
● 제품의 우수성

선의적이고 고객의 필요에 주의를 기울이는 직원들만으로는 뛰어난 서비스를 실현할 수 없다. 훌륭한 인재가 있다는 것은 등식의 일부분에 불과하다. 전설적인 서비스의 실현에 도전한다는 것은, 이 뛰어난 직원들이 최고 품질의 제품 혹은 서비스를 적당한 가격으로 제공할 수 있도록 만드는 것을 의미한다. 확실히 서비스는 친근함과 정중함을 의미한다. 그러나 전설적인 서비스는 뛰어난 수행과 만족을 포함한다. 또한 진실된 서비스의 순간들은 생산량 할당이나 품질기준과 같이 양으로 잴 수 없다. '진실의 순간'은 눈에 보이는 형태로 관리할 수 있는 것이 아니다. 매 순간 고객과 기업과의 교제가 유일한 순간인 것이다.

이 교제를 최대화하기 위해 직원들은 모든 가능성 안에서 철저한 기초지식과 의사결정의 자유, 그리고 실용적인 지원이 필요하다. 노드스트롬에서는 고객 지향의 기업문화를 쇄신하기 위해서 어떤 도전을 하고 있을까? 대표적으로 할 수 있는 것이 "어떤 상황에서도 스스로 최선의 판단을 내릴 것"이라고 하는 종업원 지침서에 나오는 한 구절이다.

마지막으로 권한 부여의 공약은 종업원들에게 방해가 되지 않으며 업무수행을 할 수 있도록 하는 리더의 능력에 의해 표현된다. 통솔력에 잘 응용할 수 있는 육아에 대한 속담에 "사람이 원하는 것은 뿌리(확고한 기반)와 날개(행동의 자유)이다"라는 말이 있다. '뿌리'에 해당하는 것은 기업이 내거는 비전, 고용 보증, 훈련, 기대, 충분하고 적절한 평가, 그리고 보수이다. 이것이 권한 부여의 기반이 된다.

이것의 기반은 리더가 직원들의 성장을 인정할 때만이 그 의미를 가지게 된다. 수준 높은 서비스로 고객의 인정을 받는 기업의 공통적 특징은 종업원이 문제 해결이나 가치의 부가, 경쟁에 대한 대응, 고객에 대한 개별 대응에 스스로의 판단으로 자유롭게 의사를 결정할 수 있다는 것이다. 그리고 고객 스스로가 다시 오고 싶다는 생각이 들도록 하기 위해서는 직원이 기업의 자원을 최대한 이용할 수 있어야 한다.

앞의 속담을 다시 생각해 보면 '뿌리'에 해당하는 것이 종업원에 대한 기업의 서비스이며, '날개'에 해당하는 것이 고객에 대한 종업원의 서비스라 할 수 있다.

이 장은 적합한 인재를 어디서 찾을지를 곰곰이 생각하는 것으로 시작한다. 전설적인 서비스를 목표로 한 리더들은 훌륭한 인재는 운 좋게 당첨되는 복권이 아님을 알고 있다.

유능한 인재는 그의 잠재적인 성장을 인정하고 체계적으로 지원을 약속할 때 성장할 수 있다. 그리고 행동의 자유를 인정하는 것이 예기치 못한 성공을 실현하는 지름길이라는 사실을 잊어서는 안 된다.

사회봉사를 위한 비즈니스가 되기 위한 약속
● 인격적 성실성을 증명하라.

- 당신의 목적대로 실행하라.
- 사회에 봉사하라.

---

## 내용 정리

- 기업과 직원들의 업무수행은 직원들이 가지고 있는 고유한 능력보다 경영진의 차이에서 나온다.
- 현장은 거짓말을 하지 않는다. 현장을 보면 경영진의 사고방식을 알 수 있다.
- 고객 서비스의 묘미는 고객이 원하는 것을 요구했을 때 제공하는 것이다.
- 처음부터 서비스를 시스템으로 설계하라.
- 서비스를 지원하는 시스템의 검증은 단일성과 관련성이다.
- 서비스는 서비스 조직의 구조와 진행, 목표와 기대, 그리고 작업환경이 설계되어질 때 체계적이 된다.

## 행동 지침

- 고객에게 당신의 언약을 반영할 당신 조직의 구조를 재구성하라. 진행에 모든 요소들을 포함시켜라,

- 기업의 비전과 직무에 협력하라. 전략과 목표는 비즈니스의 이유와 일치해야 한다.

- 권한 부여에 앞서 고객의 지각에 대한 전략, 생산품, 진행을 검사하라.

- 항상 '어떻게 하면 더욱 좋아질까'를 생각하라. 그리고 대답에 귀를 기울여라.

- 직원들과 무엇이 잘 되고 무엇이 안 되는지를 토의하는 자리를 자주 마련하라.

- 관료주의는 철저히 배제하라.

# 고객에 대한 약속:

비즈니스는
사회에 기여할 수
있어야 한다.

## Commitment:
### To Be in Business to Serve Society

▶▶▶ 성실함을 증명한다.

▶▶▶ 원칙에 맞게 행동한다.

▶▶▶ 사회에 봉사한다.

# 전설적인 서비스는 성실함에서 나온다

진정한 서비스를 제공하기 위해서는
반드시 돈으로 살 수도 측정할 수도 없는 것이 있어야 한다. 그것은 바로 성의와 성실이다.
–도널드 A. 애덤스

6

## ⁑ 문제 제기

우수한 서비스는 성실함을 높이 평가하는 기업문화에서 이루어진다. 고객이 평가하는 질 높은 서비스는 기업의 확신이 있을 때 비로소 실현된다. 만약 서비스가 유혹이나 그저 경쟁의 이득에만 사용되었다면, 그 서비스는 절대로 비즈니스의 핵심이 되지 못한다. 기업은 양쪽 모두에게 유리한 태도를 나타내야 한다. 즉 고객에게 좋은 일은 기업에도 좋다. 투자가들은 기업이 고객의 이익을 충실히 추구하는지, 아니면 자신들 눈앞의 이익만 생각하는지를 잘 알고 있다.

성실성에 관련된 민감한 부분들은 가격 책정, 광고, 그리고 유인 상술의 유무이다.

보다 내재적으로는 기업의 경영철학이나 종업원의 자세를 보면 그 기업 고유의 이미지를 알 수 있다. 성실성으로 움직이는 기업은 아무리 사소한 일이라도 항상 공정하려고 노력할 것이다.

| | |
|---|---|
| 찰스 메릴 | Merrill Lynch |
| 엘리자베스 아덴 | Elizabeth Arden |
| 지아니니 | Bank of America |
| 프랭크 맥나메라 | Diners Club |
| 래이 크록 | McDonald's |
| 조이스 홀 | Hallmark |
| 에드워드 버노이스 | Public Relations |
| 존 록커필러 주니어 | Philanthropist |
| 알프레드 슬론 | General Motors |
| 루이스 메이어 | MGM |
| 헨리 루스 | Time, Inc. |
| 윌리엄 펠리 | CBS |
| 로버트 디그레프 | Simon & Schuster |
| 토마스 왓슨 경 | IBM |
| 헨리 포드 | Ford |

## ✢ 비즈니스의 영향

　1990년 〈라이프〉 지는 금세기의 위인 100인을 기념하는 특집을
기획했다. 기술과 산업, 상업 분야에서 놀랄 만한 성과를 이룩한

시대임에도 불구하고 100인의 목록에 이름이 들어 있는 사람은 실업계에서 불과 15명이었다. 사람과 상품, 자원, 행동 양식 등에서 비즈니스가 끼친 절대적 영향에 비한다면 실업계의 리더십 결여는 심각하다고 할 수 있다. 여기서 잠깐 아래의 사항에 주목해 보기로 하자.

- 몇몇 기업은 소형의 산업화된 국가의 GNP를 초과하는 연간소득을 산출한다.
- 월마트의 전 직원은 약 150만 명으로, 이는 미국 5개 주의 인구에 해당한다.
- 맥도날드에서는 프라이드 양파링이라는 새로운 메뉴를 계획했지만, 전 세계의 양파 공급을 고갈시킬 수 있다는 판단으로 그 아이디어를 중지했다.

설령 중소기업이라고 해도 그 경영자가 초래하는 효과는 대단히 중요하다. 예를 들면 패스트푸드점의 경영은 연간 백만 불이 넘는 판매를 위해 30명의 고용을 창출하고, 연간 수천 킬로그램의 재료를 사용한다. 실적이 좋은 백화점에서는 연간 150만 달러어치를 위해 50여 명의 고용을 창출하고 있다.

또한 부동산 회사에서는 담당자 한 사람이 수백만 달러에 달하는 부동산을 관리하고 있다. 금세기 가장 영향력이 있는 100인에 들고자 하는 것은 우리들에게는 거의 비현실적이다. 그렇지만 개개인이 자신의 힘으로 그 고결함을 증명하고 더 큰 미덕을 쌓는다면 우리 공동체는 조금씩 좋은 방향으로 나아갈 것이다.

그 목록에는 도덕, 정치 그리고 사회의 지도자 이름이 열거되어 있다. 오늘날 봉사자 리더십으로 귀감이 되는 인물은 바로 테레사 수녀이다. 모든 위대한 전설이 그러하듯 그녀는 봉사에만 온 정열을 쏟았다. 테레사 수녀가 인내심 강하게, 또한 효과적으로 영향력을 행사할 수 있었던 것은 바로 그녀의 성실한 인간성 때문이었다. 만약 여러분도 서비스 리더십으로 자신과 타인의 생활을 향상시키고 싶다면 테레사 수녀와 같은 성실성을 증명하면 된다.


## ✝ 성실성이란 무엇인가?

윈스턴 처칠은 그의 고객인 국민을 항상 의식하는 것으로 자신의 성실성의 깊이를 증명했다. 그의 뛰어난 식견은 그가 남긴 말에서도 엿볼 수 있다.

"리더가 발휘하는 영향력의 열쇠는 바로 리더 자신의 성실함이다. 사람의 감정에 호소하고 싶다면 먼저 스스로 그 생각에 잠겨야 한다. 사람에게 감동의 눈물을 흘리게 하고 싶다면 먼저 스스로 눈물을 흘려야 한다. 또한 사람을 설득시키기 위해서는 먼저 스스로가 믿어야 한다."

## 성실은 신뢰성이다

많은 경영자들이 직원들에게 실천의 가치를 바라면서도 그 신념의 가치에 대한 개인적 확신이 결여되어 있다. 이러한 유감스러운 태도에 대해 장황하게 말하는 대신 그 가치를 자신의 것으로 이해하고 서비스에 반영하고 있는 몇 안 되는 리더가 되도록 노력해야한다. 앞에서 감동적인 처칠의 말을 소개했지만, 서비스 리더는 몇 마디 말을 덧붙이고 싶어할 것이다.

"다른 사람에게 즐거운 마음으로 서비스하기를 바란다면, 먼저 자신이 최선을 다해 서비스해야 한다. 다른 사람이 고객을 사랑하기를 바란다면, 먼저 스스로가 솔선수범해 그 열정을 증명해야 한다."

성실이란 단어는 여러 가지를 의미한다. 일관된 자세와 비즈니스를 도덕적 관점에서 보는 것, 약속한 성과를 확실히 실현하는 것, 믿음을 주는 신용 등이 모두 성실을 내포하고 있다.

- 모든 기업에서 남녀의 기회 균등을 추진하고 있다. 그러나 회의는 오전 7시부터 시작하는 것이 현실이다. 회의 시간을 30분만 늦춰도 자녀가 있는 사람은 육아 시간을 조정할 수 있는데 말이다.
- 주차장의 가장 좋은 자리는 고위 경영진을 위해 지정되어 있으면서, 기업의 임무 보고서에는 '고객이 제일'이라고 쓰여져 있다.
- 리더는 직원들의 중요성에 대해 열정적인 연설을 한다. 그렇지만 장기 근속자의 이름조차 모르는 리더들이 많이 있다.
- 도산 위기에 처한 어느 의료기 판매회사는 서비스와 팀워크에 대한

기업의 전반적인 회의를 통해 회사의 비즈니스를 전환시켜 줄 최종적인 노력을 계획했다. 최고 경영자는 크리스마스 직전 토요일에 회의를 제안했다. 그렇지만 직원들의 생각에 무관심한 독재적인 임원들은 그것이 종업원의 동기부여 향상으로 이어지지 않을 것이라 반대했다. 그러나 경영자는 일정을 변경하지 않고 참석을 의무화했으며, 불참석자는 해고하겠다고 통보했다. 그러나 임원들은 참석하지 않았다. 서비스나 팀워크에 대해서는 누구보다 잘 알고 있다는 것이 그 이유였다.

## 성실은 일관성이다

우선 일관성에 대해 생각해 보자. 이는 공언한 말을 실행한다는 것이다. 서비스의 성실함이란 아무리 사소한 일이라도 중요한 일처럼 처리할 때 증명된다.

예를 들어 노드스트롬의 경영자들은 항상 가족의 중요성을 강조해 왔다. 노드스트롬이 캘리포니아의 시장 개척을 명령했을 때 그들의 가치관을 확실히 보여주었다. 이 일은 당시 사내에서 가장 보람 있는 일이었지만 그들은 미안한 듯 공손히 말했다.

"당신의 가족은 정말 소중하고 힘이 되는 존재입니다. 가족 때문에 전근할 수 없다면 언제든지 말씀해 주십시오. 더 좋은 방법을 연구해 보겠습니다."

한 사람의 인간으로서 배려해 준 그들의 태도에 나는 감동을 받았다. 그 후 몇 년이 지나 이번에는 내가 수천 명의 직원들에게 이동을 부탁하는 입장이 되었다. 그러나 나는 노드스트롬이 직원 자신은 물론 가족에게도 좋은 일이 되도록 완벽하게 지원해 줄 것이라는 사실을 믿어 의심치 않았다.

### 성실은 도덕성이다

최고 경영자를 구별짓는 가장 큰 특징은 그 리더들의 순수한 정직성이다. 예의와 정직에 얽매이는 것은 기존의 경영방식과 달라 색다르게 느낄지도 모른다. 오늘날의 현실은 한결같이 이익만을 추구하는 강력한 경영자가 찬사를 받고 있지만, 장기적인 성공을 거두기 위해서는 도덕에 어긋나지 않게 행동해야 한다는 사실을 잊어서는 안 된다.

### 성실의 가치 기준은 무엇인가?

"모두가 하는 일이니까요"라는 말은 도의상 문제가 일어났을 때 자주 듣는 변명이다. 그러나 문제가 되는 일을 하는 사람은 많지 않고, 단순한 실수라면 그렇게 뉴스거리가 되지도 않는다.

우리는 한때의 영웅이 개인의 행복 추구를 위해 불법 행위를 저질러 신문이나 방송을 통해 떠들썩한 것을 보고 충격을 받은 경험이 있을 것이다. 그렇게 되면 그들의 성과가 아무리 훌륭했다고 하더라도 지도력은 추락하기 마련이다.

결과가 수단을 정당화한다는 믿음으로 비도덕적 행위를 합리화하기는 쉽다.

이는 미끄러운 내리막길을 한번 구르면 멈추지 않는 것처럼, 지금은 이런 생각이 너무나 만연되어 있다. 한 대학원의 윤리학 교수가 "비즈니스의 윤리는 모순투성이다"라고 털어놓았다. 그에 따르면 개인이 기업에서 의사를 결정할 때의 열쇠는 "내가 이 일을 자신 있게 할 수 있고, 해고되지는 않을까?" 하는 기준이라고 한다.

도덕적 리더십에서는 "이 일을 할 수 있고, 끝까지 성실함이 유지될 수 있을까?" 하는 기준을 높이 평가해야 한다. 기업이 종업원에게 요구하는 것은 최선을 다하는 자세이다. 그러나 그 곳에는 좋은 일을 능숙히 처리해야 한다는 과제가 추가된다. 모든 비즈니스에는 원칙과 현실과는 다른 '회색 지대'가 존재한다.

- 가능성의 여부를 떠나 주문을 보장하기 위해 일단 배달 기일을 약속한다.
- 환불보장 광고를 해놓고도 그것을 실천한 직원을 질책한다.
- 허위가격으로 상품을 판매하거나 가격 동향을 조작한다.
- 거짓이나 오해를 불러일으키는 설명을 하도록 판매원을 훈련시킨다.

● 저작권을 무시하고 소프트웨어를 보급하거나 보급품 또는 장비를 횡령한다.

이러한 실행들은 경영진이 지시하는 것도 있고, 때로는 서로가 신경을 쓰지 않아서 생기는 경우도 있다. 그러나 시작은 어떻든 결과는 마찬가지로 도덕적인 기준을 소홀히 생각하면 기업의 도덕성은 약화되기 마련이다.

직원들은 경영자의 기본적 정직성을 믿을 수 없게 되면 다른 어떠한 것도 신뢰하지 않을 것이다. 그리고 이러한 불신감은 언젠가는 고객에게도 전달되고, 결국 고객 관련 노력에 쏟아넣은 모든 비용과 상쇄하게 된다.

## 성실성의 결여는 곧 붕괴를 의미한다

성실함으로 행동하는 것은 이론이 아니다. 지성적인 분석이나 행동을 합리화하기보다는 우선 자신의 끈기를 주시해야 한다. 또한 불성실하게 행동한다면 본능적으로 방어적인 반응이 생기는 일도 적지 않다.

스트레스의 증상은 우울증이나 침착함이 없어지는 것으로 설명된다. 아마 불안, 초조, 신경질 등이 잦아지면서 스트레스의 늪에 빠지게 될 것이다. 그리고 아무리 열심히 달리려 해도 제자리인 것만 같은 불안감을 느낄 것이다. 의학적인 연구에 의하면 스트레스가 쌓이고 신체적 기능이 저하되면 인간은 중병에 걸린다고 한다.

병에 걸리면 그것이 다시 새로운 스트레스가 되어 보다 심각한 상태에 빠지고 만다.

기업이 성실이라는 원칙에서 벗어나게 되면 목표가 산만해지고 효율이 저하된다. 몇 가지 공통된 불안 증상은 다음과 같다.

- 지나친 관료제
- 협조관계보다 명령과 지배에 집중
- 끝없는 파벌 싸움
- 형식주의
- 사기 저하
- 생산성 저하

## ✝ 성실성은 핵심이다

자신의 신조에 따라 행동하고 봉사 활동에 참가하는 사람들은 흔들림없는 강인함을 지니고 있다. 당신이 하는 일에 대한 강한 신념을 가지고 있으면 사람들은 당신에게 매료되고 당신과 함께 하고 싶다는 생각을 할 것이다.

사람의 몸 속에 있는 자이로스코프(나침반과 같은 것)는 중심에서 벗어나면 경고를 하고, 항상 목표를 향해 똑바로 나아가도록 지시한다고 한다. 리더가 확고한 신념을 가지고 있다면 기업 또한 다음과 같은 강한 특성을 갖게 될 것이다.

### 공정성의 핵심 아이디어

모든 이들이 항시 공정한 대우를 받는다는 확신은 기업의 안팎에 상관없이 서비스를 향상시키기 위한 약속이다. 공정성이 용인된 기준이라면 종업원은 누구에게나 최선을 다하려고 할 것이다.

### 우호적 관계의 실현

"승자가 있으면 패자도 있다"는 생각은 서비스 가능성을 최대화하는데 커다란 장애물이 된다. 고객에게 유익한 것이라면 기업에게도 유익해야 한다. 권력, 보상, 고객, 생산품 또는 성공에 관계없이 전 직원이 똑같은 가치관을 가지고 있다면 반드시 좋은 성과로 이어질 것이다.

### 높은 생산성

좋아하는 일을 할 때 에너지가 넘치기 마련이다. 당신이 좋아하는 분야에서 다른 사람들을 이끌고 싶다면 그 에너지를 그들에게 제공하고 잘할 수 있도록 지원해야 한다.

### 높은 품질

당신이 무엇인가에 심혈을 기울이면 그에 대한 최상의 기준이 있다. 육체의 소산이건 두뇌의 소산이건 자신으로부터 나온 것이라면 그것이 최고가 되기를 바랄 것이다.

### 높은 기준

자신의 행동이 성실하다면 당신 스스로의 업무수행뿐만 아니라 다른 이들의 업무수행에도 최상의 기대를 가지게 된다. 예를 들어 자그마한 일에 소홀해지면 전체적인 노력과 결과가 손상을 입게 된다. 그래서 이러한 질문이 항상 발생한다. 인간 중심적인 환경에서 강력한 리더로 살아남을 수 있는가? 만약 그런 환경에 있다면 당신은 절대 '강력한 리더'가 될 수 없다.

### 커다란 즐거움

열중 없이 열의를 가질 수는 없다. '열중(Enthusiasm)'이란 단어의 어원을 보면 '혼을 불어넣는다'는 의미가 담겨져 있다. 공통의 가치관인 열중은 통합된 기업에 축제 기분을 불어넣는 작용을 한다. 축제가 엄숙함이 될지 소란스러움이 될지는 기업의 성격에 따라 다르지만, 분명한 것은 지루하지는 않다는 것이다.

### 다양성이 있는 일관성

기업 활동의 핵심에 강력한 가치관을 심는다는 것은 기업 전체를 통해 높은 질을 철저히 유지한다는 의미다. 그렇게 하면 종업원들이 자신에게 기대하는 사항을 잘 알 수 있고, 기업을 신뢰하면서 일할 수 있다.

이 일관성은 또한 자유를 인정한다. 핵심이 되는 것은 강력하고 흔들림이 없지만, 하찮은 세부사항들은 개인의 판단에 맡긴다. 이 것은 소유권과 독창성을 조성하는데 매우 효과적이다.

## 내용 정리

- 경험과 역사는 리더가 성실함을 중요시할 때 탁월한 서비스가 실현된다는 사실을 보여 준다.
- 시간적, 지리적, 기술적으로 각각 서로 다른 두 문화에서 생겨난 아래의 말을 곰곰이 생각해 볼 필요가 있다.

부가 덕을 가져오진 못하지만,
덕은 개인과 나라 모두에게 부와 다른 모든 축복을 가져온다.
−소크라테스(기원전469~399년)

우리는 주주를 위해 최대 이익을 만들고자 비즈니스를 하는 것이 아니다.
'사회봉사' 라는 단 한 가지 이유를 위해 비즈니스를 하는 것이다.
비즈니스가 사회에 봉사하지 않으면 사회는 우리의 소득은 물론이고
우리의 존재조차 더 이상 허용하지 않을 것이다.
−케네스 데이턴(1975년), 소크라테스의 말을 되새기며

## 행동 지침

- 기업의 원리와 당신의 개인적 원리 사이에 부조화가 있을 때에는 더 가치 있는 쪽으로 맞추어라.
- 당신의 기준을 명확하게 말과 행동으로 전달하라.
- 기준으로의 집착을 고집하라. 그것은 당신 기업의 성공에 장애물이다.
- 당신의 직감을 믿어라. 성실성으로 운영할 때 당신은 안정을 느낄 것이다.
- 정열적으로 일을 하고, 항상 자신이 해야 할 일을 마음에 새겨 두어라.

# 고객에 대한 약속:

고객 서비스에 대한
기업의 비전을 창조하고
지속시켜야 한다.

*Commitment:*
*To Create and Sustain the Vision*

# 전설적인 서비스는 리더십으로 결정된다

+++++++++
+++
+++++

리더의 책임은 진실을 규명하는 것에서 시작된다. 그 마지막은 '고맙다' 는 말로 끝난다.
이 두 가지 사실에서 알 수 있는 것처럼 리더는 봉자자이며 모두에게 빚을 지고 있는 사람이다.
이를 이해할 수 있어야 비로소 예술적인 리더에 가까워질 수 있다.
－막스 데 프리

## 7

## ⚇ 문제 제기

이 책에서 우리는 서비스를 일상생활 속으로 받아들여야 하는 것부터 시작해 서비스를 실현하는 리더십에 대한 접근을 다루었다. 지금까지 서비스를 자신의 생활양식으로 만들기 위한 단계에 대해 고찰했고, 그 곳에서 우리는 서비스 리더의 능력을 높여 왔다.

서비스 향상을 위한 단계는 나선형이다. 그것은 지속적인 향상과 선도 조직의 운영, 더 뛰어난 지도자가 되기 위한 추구 등의 원동력이다. 그리고 그 안에서 우리는 개인으로나 기업으로서 성장하고 있다. 이 책을 마치면서 전설적 서비스를 실현하는 기업에서 리더가 되기 위한 몇 가지 사항을 이야기해 보고자 한다.

- 다른 사람에게 바라는 것을 스스로 실천한다.
- 서비스는 고객에 의해 정의되어진다.

- 고객층이나 업종에 관계없이 폭넓은 시야로 서비스 향상 방법을 강구한다.
- 모든 자원을 서비스에 집중해 관리한다.
- 서비스 리더가 되기 위해서는 서비스에 대한 리더의 배려와 생활 방식을 계속적으로 재확인하고 과감하게 갱신할 필요가 있다.


## ‡ 전통적인 리더인가? 변형적인 리더인가?

모든 비즈니스와 산업을 통틀어 전설적인 서비스 리더의 본보기는 수도 없이 많다. 그들은 정말 좋아하고 잘할 수 있는 것을 찾아내어 비즈니스를 쌓아올렸다. 또한 다른 사람에게도 자신과 똑같이 노력하게 했다. 고객에게도 적극적으로 대해 그들이 계속 비전을 확장할 수 있는 자극을 부여해 왔다.

관객의 모든 성원과 대중매체의 찬사에 귀를 기울이지 않고 오로지 게임에만 집중하는 것이 뛰어난 리더의 기본적인 자세다.

> 우리의 탐험의 마지막은 시작했던 지점으로 돌아오는 것이며, 그 장소를 제일 처음에 안다는 것을 잊어서는 안 된다.[1]

지금까지 풍부한 직관력과 겸손함을 갖춘 사람들이 오늘날의 비즈니스를 만들어 왔다.

어소시에이츠의 빌 고어는 종업원들이 스스로 자신들의 직책을 결정하고 '고객 만족의 최고 사령관' 이라는 터무니없는 호칭을 만들어내는 것도 즐겁게 지켜보았다.

또한 전 회장인 보드 빌 맥나이트의 지휘 아래서 믿을 수 없을 정도의 높은 창조성을 발휘한 3M이나, 오늘날의 비전을 만든 토머스 워슨 시니어가 계발하여 극히 효과적으로 새로운 가치를 만들어내고 있는 IBM에도 똑같은 경험이 있을 것이다.

조직 구조나 가치관, 그리고 혁신적이라 불리는 성과까지도 역사를 통하여 전설적인 서비스를 위한 기초가 되어오고 있다. 이것이 바로 고객봉사 비전을 창조하기 위해 직원들과 함께 어떻게 노력해야 하는지 고심하는 자세에서 그런 조직이 태어난 것이다. 또한 비전을 유지하고 발전시키며 차세대까지 이어가려고 노력한다면 기업의 위치는 저절로 정해지게 된다.

> 가장 중요한 것은 고객 지향, 비전 견인형 리더십의 기초에 주목하는 일이다.

## ⁂ 리더십의 본질적인 요소

이 책에서 거론된 기업은 중요하지만 단순한 활동을 매우 효과적으로 실행해 왔다.

그러나 그들에게는 이미 전설이 되어 있는 단순한 활동이 기본에서 벗어난 수많은 기업에게는 창조성이 넘치는 혁신적인 것으로 비친다.

고객 서비스에 심혈을 기울이고 성공을 거둔 기업은 지속적인 발전을 거듭하고 있을 뿐 아니라 수많은 기업들에게 생생한 교훈을 주고 있다. 그 중 가장 중요한 교훈은 고객 지향, 비전 견인형 리더십의 기본에 관심을 쏟는 것이다.

게리 윌스는 리더십을 다룬 그의 저서 〈리더의 사명〉에서 다음과 같이 저술하고 있다.

"리더란 리더와 추종자 사이에 공유된 목표를 향해 다른 사람을 움직이는 사람을 말한다. 리더십을 유지하기 위해서는 리더와 추종자, 그리고 공유된 목표 세 가지가 동시에 필요하다."[2]


- 리더 – 추종자 – 목표
- 통찰력 있는 리더 – 열심히 일하는 추종자들 – 공유된 목표
- 리더는 공유된 목표를 향해 다른 사람들을 일하게 만든다.
- 추종자는 높은 능력을 살려 대응한다.
- 목표는 모두가 지지하고 도전할 만한 가치를 지니고 있다.


게리 윌스는 리더십을 의자의 세 개의 다리로 비유하고 있다. 만약 이 가운데 하나라도 결여된다면 리더십은 결코 성립될 수 없다. 그렇지 않으면 독재와 무질서만 있을 뿐이다. 그 어느 쪽이든 리더십은 세 개의 다리가 균형을 유지해야만 비로소 성립된다.

## 포스트 영웅형 리더십

전설적 서비스 기업 리더들의 특징은 성격이나 학력, 도덕적 배경, 성별, 연령 등으로 분류할 수는 없다. 그러나 그들에게는 단 한 가지 구별되는 특징이 있다. 그것은 다른 사람에게 봉사하려는 강렬한 열정이다. 또한 수많은 리더 지향자를 실망시키는 요소도 있다. 그들은 전설적 서비스를 실현하기 위해 절대로 구두 약속은 하지 않는다. 그러면 서비스 리더십을 확립할 때까지의 노정은 꼬이게 되고 앞이 보이지 않는 어두운 길이다.

> 진정한 영웅은 수단과 방법을 가리지 않고서라도 다른 모든 이들을 능가하려는 것이 아니라, 어떤 희생을 치르더라도 다른 사람에게 봉사하려는 모습이다.[3]

〈포춘〉지에서 '포스트 영웅형 리더십'이라는 특집을 쓰면서 "오늘날 미국 경영자의 95%가 옳은 말을 하고, 5%만이 옳은 일을 실행으로 옮긴다"라는 놀라운 통계를 내놓았다.[4] 불과 5%밖에 실행하지 않는 '옳은 일'이란 무엇인가? 그 옳은 일은 지금껏 변하지 않았지만, 실행의 중요성만은 기하급수적으로 증가해 왔다. 뛰어난 리더의 식견을 종합하면 리더의 직무는 두 가지로 요약할 수 있다.

- 기업이 성취하고자 하는 것을 구상하고 표현한다.
- 직원들이 책임을 분담할 수 있고 그들의 목표 달성을 위한 환경을 조성해 준다.

리더십의 유형에는 전환형, 참여형, 봉사형, 포스트 영웅형, 가상 리더십 등 여러 가지가 있다. 그 중에서 포스트 영웅형 리더십은 매우 중요한 의미를 지닌다. 전설적인 서비스의 리더십에 초점을 둘 때 영웅을 진부하게 만드는 것은 왠지 어색할지도 모른다. 그러나 대부분의 리더들은 한 사람의 리더만이 영웅이 되는 것은 절대로 피해야 한다고 말한다.

"포스트 영웅형 리더십은 항상 최고의 리더를 구별지어 온 지성, 의욕, 에너지, 신념, 성실 등을 필요로 한다. 그러나 포스트 영웅형 리더십이 그 외의 것과 결정적으로 다른 점은 그런 특성이 요구되는 사람은 리더뿐 야니라 조직에 속한 전원이라는 것이다."[5]

| 전통적인 지도자들 (95%) | 전설적인 서비스 지도자들 (5%) |
| --- | --- |
| 권력 중심 | 권력 부여 중심 |
| 계급제도의 절정 | 써클의 중심 |
| 독재적 | 참여적 |
| 배타적 | 총괄적 |
| 복종 추구 | 합의 추구 |
| 권리의식 | 책임의식 |
| 내부적인 초점 | 내부적인 초점 |
| 관료적 | 기업적 |

## 오늘날의 리더와 권력

조직 내의 구성원들이 리더십의 질을 평가한다고 하면 리더는 작업 달성을 위한 권력을 어디에서 끌어내려고 할까?

효과적인 리더십을 발휘하는 리더는 자신의 권력에는 관심을 갖지 않는다. 건전한 기업은 직위나 특권, 사무실 등급, 결정권의 범위 등 일반적으로 누가 더 훌륭하다는 대외적인 표시에 크게 치중하지 않는다. 다만 무엇이 임무에 결정적인 역할을 하는가를 중시한다. 즉 사람의 진정한 능력을 파악하고 그 능력을 활용해 최고의 성과를 얻을 수 있도록 하는 것이다. 이 때 필요한 권한은 리더의 인간성이지 지위가 아니다. 그리고 이 힘은 나눔으로 인해서 성장하는 것이다. 권한의 기반은 넓고 안정되어 있으며, 사명과도 깊은 관계가 있다.

---

### 권력의 다섯 가지 근원[6]

**당신이 위치한 자리로부터 비롯된다.**

- 포상의 권력
- 응징의 권력
- "나의 말이 곧 진리다"라는 권위에 근거한 권한

**인물에 고유한 것**

- 전문성에 근거한 권한
- 적극적인 역할 모델에서 생기는 지시적 권한

---

## 리더라는 이름의 스튜어드

스튜어드(Steward, 집사)의 예는 고객 서비스 향상에 전력을 기울여 노력하는 사람들에게 도움이 될 것이다.

피터 블록은 스튜어드십을 "협력과 권력부여의 실천을 통한 봉사의 능력을 사용하는 한 방법"이라고 정의한다.[7] 스튜어드도 자산에 관한 책임을 지는 것이 보통이다.

스튜어드를 그만 둘 때에는 예탁했을 때보다 더욱 풍요로워지고 보다 나은 상태로 다음 스튜어드에게 이어지기를 기대한다.

만약 리더가 스튜어드라고 생각한다면, 저절로 명예를 얻을 것이라 기대해서는 안 된다. 왜냐하면 리더 자신이 그 책임을 지고 있기 때문이다. 오히려 당신의 시간과 재능이 가치 있는 무엇인가에 쓰인다는 것을 영예롭게 느껴야 한다. 전설적 서비스를 위한 리더십을 추구하는 각 단계에서 협력과 권한 부여를 고려해 보았다. 이러한 개념을 스튜어드십의 정의에 적용하는 것은 지배적 혹은 관리적인 행동을 하지 않고 책임을 받아들이는 것을 의미한다.

## 당신의 어떤 이점들에 자유 재량권이 있는가?

| | |
|---|---|
| 물리적 설비 | 재정 |
| 생산품 | 비전 |
| 명성 | 미래 환경 |
| 특허권 | 정보 |

리더의 책임은 막대하지만 그 책임을 많은 사람들이 공유하고, 자신의 공동 책임자가 성공하려는 의욕을 불태운다면 리더에게는 가장 큰 선물이 될 것이다.

## 고객 위주의 조직을 어떻게 이끌어가고 있는가?

고객 위주의 조직을 이끌어가는 열쇠는 리더의 지식이 아니고, 지식과 신념에 근거해서 행동하려고 하는 의욕이다. 존 휴이의 말에 의하면 "리더십이란 어떤 일의 착수와 추진하는 변화에 관여하는 것"이라고 했다.[8] 또한 리더십은 바른 일을 실행으로 옮기고 그 기세를 공동의 의미 있는 목표를 향해 향상시키는 것이다. 리더는 솔선해서 막강한 영향력을 행사하고 거듭 실행하면서 완성에 다가가도록 사람들을 이끌어야 한다.

### *비전의 창조*

모든 일이 가능하다고 생각하는 현실적인 몽상가들은 어떤 일이라도 생길 수 있다고 한다. 제너럴 일렉트릭의 전설적 리더 잭 웰치는 이렇게 말했다.

> 위대한 리더는 비전을 창조한다. 그 비전에 대해 언급하고,
> 열렬히 주장하고, 달성을 위해 치열하게 질주한다.

위대한 리더는 자신과 관계된 모든 사람을 자유로이 발전시킨다.

그리고 자신이 이루려고 노력하는 비전을 공유한다. 리더는 항상 진정한 권력이 존재하는 것이 무엇인지를 기억해야 한다. 당신을 추종하고자 하는 생각을 불어넣기 위해서는 그 권력을 공유하는 모든 이들의 운명을 향상시키는 가치 있는 비전을 만들고, 리더 스스로가 최고의 실천자가 되어야 한다.

### 실행

빌 고어는 단호히 말한다.

"리더십은 동사지 결코 명사가 아니다."

또한 톰 피터스는 "행동에 대한 편견"으로 성공적인 기업의 열쇠가 되는 특징 중 하나를 묘사했다. 리더는 말그대로 타인에게 무언가를 시키는 사람을 가리킨다.

수익에 실질적으로 기여하는 것에 근거하여 당신의 실행에 등급을 매겨 보아라. 그렇게 하면 당면한 비즈니스에 관계되지 않는 일을 하기 어려워질 것이다. 그러한 관료주의는 실행으로 옮기기 위한 비전의 불꽃에 찬물을 끼얹는 것과 같다. 당신의 임무는 관료주의를 배제하는 것이지 조장하는 것은 아니다.

### 기대

각각 다른 두 기업에서 일하는 종업원의 수준은 비슷하나 업적이 다른 경우가 있다. 업적이 좋지 않은 기

> 훌륭한 아이디어를 찾아서 거기에만 매달려라. 그것이 쓸모있게 될 때까지 끝까지 도전하라
> —월트 디즈니

업은 대부분 종업원의 무능력을 한탄한다. 그러나 성공적인 기업은 그 비전을 공유하고, 그 비전의 실현을 위해 충분히 대응함으로써 종업원을 계발하고 있다. 직원들에게 최고의 성과를 기대한다면 현재 이상으로 많은 능력과 에너지를 종업원들에게 주어야 한다.

### 의사결정

리더는 어떤 의견들이나 논점들이 발표되어질 때, 모든 요소들을 감안하여 스튜어드십에 준해 의사를 결정해야 한다. 리더는 스스로의 책임으로 우선 합의를 이루도록 해야 한다. 합의를 얻을 수만 있다면 무엇을 할지를 결정하는 것은 저절로 정해진다.

의사결정의 분권화가 진행될수록 리더의 강력한 지도력이 더 절실히 요구된다.

고객에게 가까운 곳에서 의사결정이 행해질수록 리더에게는 보다 확고한 결단력이 필요하다. 직원들이 자유롭고 신속한 의사결정을 할 수 있는 것은 활동 범위를 명확히 알고 있기 때문이다. 고객 지향을 선도하는 기업들은 그 명확한 가치관을 공유하고, 리더의 역할이 뚜렷하며, 조정된 명확한 가치와 시스템을 확보하고 있다.

### 비전의 유지

비전을 유지하는 중요한 열쇠는 창조에서 실행, 재검토에 이르기까지 조직 내의 구성원들이 비전을 공유하는 것이다. 비전은 관계된 모든 이들과 공유되어야만 한다. 리더의 권한 위임의 추진을 위해서는 장기적인 비전을 공유하는 것이 매우 중요하다.

## ✧ 인생을 건 도전

서비스에 관한 비전은 다른 곳에서 빌릴 수 없다. 리더 스스로가 그 기업 특유의 비전 개발에 참여해야 한다. 또한 그 비전에 생명을 불어넣기 위해 최선을 다해야 하며, 널리 퍼질 수 있도록 해야 한다.

고객도 종업원도 주주도, 혹은 회사에 관련된 그 누구도 리더를 움직이고 있는 비전에 의혹을 갖는 사람은 없다. 비전이 완성될 때까지는 몇 번이고 다시 수정하여 앞으로 나아가야 한다.

물론 꼭 그렇게 해야 하는 이유는 없지만 그렇게 하지 않으면 전설적 서비스를 실현할 수 없다. 수많은 사람들이 모이는 직장이나 거래가 이루어지는 시장에서 당신의 에너지와 시간을 무엇이 가로막고 있는가? 직원과의 사이에 가치를 창출할 수 있는 의미 있는 파트너십을 쌓는 일에 주저할 필요는 없다. 고객과의 사이에 파트너십을 형성할 수 있다면 고객 요구를 충분히 충족시키고 모두의 꿈을 이루어 줄 수 있다. 만약 당신이 이 모든 것을 해냈다고 가정해 보자. 그렇다면 당신의 인생과 자식들의 인생, 그리고 그 다음 세대에 어떠한 영향을 미칠 것이라 생각하는가?

당신은 지금까지 걸어 온 평범한 길을 택할 수도 있고, 희미한 길이지만 목적지가 훨씬 더 명확해 보이는 길을 택할 수도 있다. 후자의 길을 걸어가게 된다면 당신이 남긴 발자취는 당신을 따르는 사람들에게 진정한 자극이 되고 든든한 의지가 될 것이다.

스튜어드십까지는 아니더라도 경영 자원을 최상의 형태로 이용할 수 있는 것은, 그 자체로서 가치 있는 일이다. 전설적 서비스를 목표로 계속 도전한다면 자신과 다른 사람들에게 최선을 부를 것이다.

인생 최후의 순간에 진정한 성공을 누려라.
그 성공의 비결은 다른 사람의 성공을 도와주는 것에서부터 시작된다.

### 내용 정리

- 전설적 서비스 리더들은 고객 봉사의 비전을 창조하기 위해 어떠한 협력을 해야 하는지를 잘 알고 있다.
- 다른 사람에게 봉사하려는 열정은 서비스 리더십의 가장 중요한 요소이다.
- 전설적 서비스 리더십의 열쇠는 당신의 지식과 신념을 실천으로 옮기는 것이다.

## 행동 지침

- 목표를 높게 설정하고 그것의 달성을 위해 직원들과 협력하라. 그리고 최고의 성과를 달성하라.

- 권위와 책임을 위임하라.

- 성공하기 위해서는 장애물을 제거하라.

- 위험이 따르는 도전은 장려하라.

- 성공을 위해 필요한 모든 장비를 제공하라.

- 영감을 주는 비전을 통해 동기를 부여하라.

- 모든 사람을 최고로 보고 그들로부터 최고를 기대하라.

- 성공을 인정하고 찬사를 아끼지 말아라.

몇 해 전 나는 〈월스트리트 저널〉 지에서 전설적인 서비스의 근원적인 책임으로 보이는 몇 단락의 사설에 매료되었다. 그는 세 가지를 항상 기억할 것을 강조했다.

● 나는 고객이다.
● 나는 기업이다.
● 나의 목표는 전설적인 서비스를 창조하는 것이다. [1]

나는 그 기사를 들고 다니며 읽고 또 읽었다. 그 이후 서비스에 관한 대화를 할 때마다 이 세 가지가 나의 소견의 기초가 되었다. 나는 실현을 위한 세 가지의 최종 평가를 하는 것으로 전설적인 서비스 선도에 대한 나의 의견을 마치고자 한다.

이 세 가지 요점은 모든 사람들을 매료시키기에 충분하다. 이는 기업의 모든 직원들의 능력을 최대한 이끌어내는 서비스 리더십의 청사진이기도 하다. 전설적인 서비스에 헌신하는 조직에서 이방인 이란 없다. 자신이 고객이라고 생각한다면 고객의 입장을 이해하고 존중하며 환영해 주어야 한다는 것을 이해할 수 있을 것이다. 또 한 편으로는 기업의 입장이 되어 풍부한 경영 자원을 마음껏 활용할 수 있다면 자연스레 고객의 기대에 부응하고 싶어질 것이다.

그리고 무엇보다도 최고의 서비스를 제공하기 위해 노력한다면 성장과 발전이라는 무한한 가능성의 기회가 펼쳐지게 될 것이다.

전설적인 서비스를 유지하는 데 있어서 유일한 장해는 바로 '성 공'이다. 성공적인 서비스를 거두게 되면 고객은 만족하고, 경험담 을 여기저기 이야기하게 되며, 직원들이 최고라는 말을 듣게 되고, 대중매체가 당신을 치켜세운다. 그러면 당신은 현실과의 만남을 망 각하게 된다. 고객을 되돌아보지 않는 기업은 성공도 비전도 없다.

"목표는 항상 앞으로 나아간다고 도착할 수 있는 것이 아니다. 전 설적 서비스란 고객을 상대하는 모든 이에게 가능성이라는 풍부한 마음을 부여하는 것이다"라는 전설적 서비스의 정의를 잊어버리고 현 시점에 안주해 버리는 것이다.[2]

전설적인 서비스 기업을 선도하겠다는 목표는 누구에게나 가치 가 있다. 사람들은 매일 비즈니스의 일상적인 절차를 거치면서 다 른 사람들을 보살핀다. 그들은 고객의 필요에 정확하게 반응하기 위한 다정함과 유머, 폭넓은 시야와 감사의 마음으로 그들을 대한 다. 그리고 평범한 사람이 당연한 일을 처리하는 것처럼 놀라운 성과를 이룩한다. 그러면 생산성도 비약적으로 향상되고 직원들의 행복감도 고조된다. 또한 지식은 공유되며 불안도 없어질 것이다. 이러한 친절과 전문적 기술, 노력, 열정에 가득찬 개인과 기업의 행동은 기업의 성적을 높이는 동시에 참여했던 모든 이들에게 보답된다. 고객의 입에서 입을 통해 전해지는 전설적 서비스를 높이는 것은 고객에 의한, 고객을 위한 비즈니스에 도전하는 사람들을 키우고 성장시키는 것에서부터 시작한다는 것을 결코 잊어서는 안 된다.

## ■ Notes

**1** 전설적인 서비스로 가는 길

1. R. Keith Denton and Charles Boyd, *Did You Know? Fascinating Facts and Fallacies About Business*, Prentice-Hall, New Jersey, 1994.

2. 같은 책

3. Burt Nanus, *Visionary Leadership*


**2** 생활속의 서비스

1. Tom Peters, *On Execllence, Achieving Excellence in an Instant*, The Seattle Times, November 15, 1993.

2. 1992년 〈포춘〉 지에 *Made in America* 의 샘 월튼이 인용됨


**3** 서비스는 고객이 결정한다

1. Peter Gumbel and Richard Turner, *Blundering Mouse*, The Wall Street Journal, 1994.

2. 기술원조 연구 프로그램 *Service America!*에 칼 알브렉트와 론 젬크가 인용됨

3. Michael Treacy and Fred Wiersma, *Customer Intimacy and Other Value Disciplines*, Harvard Business Review, 1993.

4. THE PRYOR REPORT의 허가로 재판. 제10권.

5. Sam Walton, *Wal★Mart Associate Handbook*, 1994.

6. Stanley Marcus, *Buyers Should Be Sellers*.


## 4 고객 서비스는 모두의 업무

1. William Safire and Leonard Safire, *Leadership*, New York, 1990.

2. 노트르담 총장인 데오도어 헤스버그

3. 샘 월튼

4. William Safire and Leonard Safire, *Leadership*에 피터 드러커가 인용됨

5. 1986년 산타 클라라 대학에서 톰 피터스의 연설

6. 샘 월튼

7. 노드스트롬 직원의 핸드북

8. 1990년 노드스트롬 주식회사 연보 p4, 6, 10, 11


## 5 고객 서비스 시스템

1. 미국 걸스카웃 최고 경영자인 프랜시스 헤셀바인

2. 캐나다 합성원유 통신부의 허가로 재판


## 7 전설적인 서비스는 리더십으로 결정된다

1. T.S. Eliot from, *Little Gidding in The Complete Poems and Plays*, Harcourt Brace Jovanovich, New York, 1980.

2. Garry Wills, *Certain Trumpets: The Call of Leaders*, Simon &

*Schuster*, New York, 1994.

3. 1994년 8월에 출간된 〈리더스 다이제스트〉에서 인용

4. John Huey, The New Post-Heroic Leadership, Fortune, 1994.

5. 같은 책

6. Thomas A. Stewart, *New Ways to Exercise Power*, Fortune, 1989.

7. Peter Block, *Stewardship*, Berrett-Koehler Publishers, 1993.

8. 앞에 인용한 존 휴이의 책 속에서


**맺음말**

1. 〈월스트리트〉 지에 실린 폴 호킨스의 책에 대한 기사

2. 같은 책

신화가 된 전설적인 서비스

초판  1쇄 발행 | 2004년 12월 20일
초판 11쇄 발행 | 2010년  7월 15일
지은이 | 벳시 샌더스
옮긴이 | 양영철
발행인 | 박수길
발행처 | 미래지식

주  소 | 서울시 은평구 응암동 91-3 동아빌딩 2층
전  화 | 389-0152
팩  스 | 389-0156
이메일 | miraejisig@naver.com
홈페이지 | www.miraejisig.co.kr
등록번호 | 제 313-2004-00067호

ISBN 978-89-91359-03-1 (03320)